EL DINERO SÍ COMPRA FELICIDAD: MÉTODO C33

33 CÓDIGOS MENTALES PARA REPROGRAMAR TU REALIDAD FINANCIERA, ACTIVAR TU ADN MILLONARIO Y CONQUISTAR UNA VIDA CON LIBERTAD, TIEMPO Y PLENITUD

INSPIRED LEGACY PRESS

EDGAR HERNÁNDEZ

INSPIRED
LEGACY PRESS

Publicado por **Inspired Legacy Press**

Sparks, Nevada, USA

ISBN: **978-1-969623-49-3**

Diseño y maquetación: Inspired Legacy Press

Logotipo: **Inspired Enterprises LLC**

Primera edición — 2025

Impreso en los Estados Unidos de América

EPÍGRAFE

"El dinero no es papel. Es frecuencia.
No es metal. Es energía concentrada que obedece a la mente que vibra en abundancia.
No hay pobreza en el Universo. Solo mentes dormidas.
Todo lo que tocas es pensamiento solidificado.
Todo lo que ves, primero nació en una idea.
Si puedes imaginarlo, ya existe. Solo espera que te conviertas en la versión que lo merece.
El dinero no corrompe.
El dinero amplifica.
Si hay oscuridad dentro de ti, el dinero la expandirá.
Pero si hay luz, propósito y servicio, el dinero se volverá tu espada sagrada.
Este libro no fue escrito para enseñarte a ganar dinero.
Fue escrito para reprogramar las frecuencias que lo atraen.
Porque el dinero no se persigue.
Se proyecta.
Se magnetiza.
Se reconoce.

Y cuando despiertas, entiendes la verdad que el mundo temía:
El dinero sí compra felicidad.
Pero no la felicidad vacía que se vende afuera,
sino la que se activa dentro cuando te conviertes en el creador consciente de tu realidad.
Este libro no es conocimiento.
Es ADN.
Es alquimia mental.
Es la reconfiguración del software humano.
Quien lo lea con el alma, no volverá a pensar igual."

— Edgar Hernández · Inspired Legacy Press

DEDICATORIA

A los rebeldes de la conciencia.
A los que no aceptaron una vida mediocre disfrazada de humildad.
A los que sintieron, desde niños, que el mundo les mintió sobre lo que era posible.
A los inconformes, los locos, los soñadores,
los que miraron al cielo y supieron que había algo más.
Este libro es para ti,
que alguna vez te sentiste roto, limitado, o fuera de lugar,
pero aún así seguiste soñando con fuerza,
con rabia, con fe,
con fuego en los ojos y propósito en el alma.
Este libro es tu espejo.
No fue creado para enseñarte lo que no sabes,
sino para recordarte quién eres:
una mente infinita, un ser con acceso al código del todo.
Aquí no aprenderás a ganar dinero.
Aprenderás a recordar que ya eres la fuente de él.
Este libro está dedicado a ti,
que no buscas escapar del sistema,

sino dominarlo con conciencia.
A ti, que comprendiste que la verdadera espiritualidad no es huir del mundo material,
sino elevarlo con propósito, amor y poder.
Este libro es para los que no solo leen...
sino despiertan.
Para los que no solo quieren abundancia...
sino que están listos para encarnarla.
Y para cada alma que al abrir estas páginas
siente una descarga eléctrica recorriendo su cuerpo:
bienvenida a la frecuencia C33.
Desde este instante,
tu reprogramación ha comenzado.

— Edgar Hernández · Inspired Legacy Press

AGRADECIMIENTOS

A la Conciencia infinita que me habita y me guía.
A esa fuerza invisible que todo lo mueve,
que escribe a través de mis manos,
que piensa con mi mente y respira con mi alma.
A la energía creadora del Universo,
por recordarme que no vine a buscar nada,
sino a recordar que todo ya está dentro de mí.
A la mente humana, ese templo sagrado donde se originan los mundos,
por enseñarme que los límites son solo programas,
y que la pobreza no existe más allá de la creencia.
A la frecuencia del dinero,
porque comprendí que no es materia,
es consciencia en movimiento;
no es poder, es espejo;
no es causa, es reflejo.
A la vida, que me empujó al vacío solo para mostrarme que podía volar.
A cada mente que leerá estas páginas,
porque al hacerlo, expande el campo de la humanidad entera.
No hay lectores aquí,
hay co-creadores del nuevo paradigma.
A todos los que vibran en la búsqueda,
a los que sienten el llamado a reprogramarse,

a los que ya intuyen que son más que carne, nombre o biografía.

Gracias por existir.

Gracias por resonar.

Gracias por despertar.

Este libro no lo escribí yo.

Este libro me escribió a mí.

Y hoy, al compartirlo contigo,

te reconozco como parte de la misma inteligencia que me lo dictó.

Porque no hay autor ni lector,

solo conciencia despertando conciencia.

— Edgar Hernández · Inspired Legacy Press

ÍNDICE

LA CONFESIÓN DEL QUE DESPERTÓ AL CÓDIGO

— EDGAR HERNÁNDEZ (EH)

Me dijeron que la riqueza era un vicio. Me dijeron que si alguien tenía más, era porque robaba o era inmoral. Me enseñaron a respetar la pobreza como si fuera virtud. Me entrenaron para aceptar límites como si fueran leyes inmutables.

Creí esas palabras con la misma fe con la que se cree en un dios. Y durante años viví como quien repite un conjuro: sin cuestionar, sin mirar adentro, sin probar otra frecuencia.

Hasta que una noche todo colapsó. Y en ese colapso descubrí la verdad que te va a estallar en la cara: **el dinero no es moral ni inmoral. El dinero es frecuencia.**

No es un destino. Es una señal. No es culpa. Es un espejo.

Esa noche—la más cruda, la más desnuda—dejé de buscar excusas y empecé a mapear causas. Miré mis pensamientos como quien examina un circuito eléctrico: vi dónde había cortocircuitos, dónde la programación vieja consumía toda la energía, dónde las palabras internas ordenaban escasez y el cuerpo obedecía. Vi cómo mis creencias—esas pequeñas frases repetidas desde la infancia—eran en realidad líneas de código que dictaban mi cuenta bancaria.

La ciencia me dio el lenguaje. La filosofía me dio el marco. La experiencia me dio la urgencia. Y la energía me dio la dirección. De allí nació el Método C33: no una técnica mágica ni una fórmula de gurú, sino un **sistema de reprogramación** construido sobre neurociencia, psicología práctica, física de la frecuencia y filosofía aplicada. Treinta y tres nodos, treinta y tres puertas, un solo propósito: reconfigurar la mente para que el dinero deje de ser algo que persigues y se vuelva algo que te reconoce.

Escucha esto con atención clínica: tu cerebro es un aparato que responde a órdenes. Las palabras que usas para hablarte no son poesía: son comandos. La repetición no es casualidad: es programación. Tu emoción dominante no es una reacción: es la fuente que polariza tu energía y atrae los resultados correspondientes. Si entiendes esto —si de verdad lo entiendes— cambias la narrativa y, con ella, tu realidad financiera.

El Método C33 opera en tres dimensiones: MENTE, ENERGÍA y REALIDAD.

Primero, limpiamos y reescribimos el software: pensamientos, narrativas, lenguaje interno.

Luego, elevamos la frecuencia: merecimiento, vibración, entorno, sincronía.

Y finalmente, concretamos: sistemas, acción alineada, multiplicadores, legado.

No es un libro para lectores pasivos. Es un manual de

entrenamiento. Si quieres hojear como quien pasa el tiempo, no es para ti. Si quieres excusas, ciérralo y sigue replicando las mismas escenas. Pero si estás aquí —y si algo dentro de ti ha vibrado con estas palabras— entonces abre una vez más, y comprométete. Comprométete a practicar, no a creer. Comprométete a entrenar la mente como se entrena un músculo: con disciplina brutal, repetición estratégica y amor por la transformación.

Te explicaré cómo usar estas páginas:

1 **Lee un código por día**. Haz las prácticas. No las omitas. La repetición hace sinapsis; la sinapsis produce hábito; el hábito rediseña destino.

2 **No busques resultados inmediatos con ansiedad**; busca consistencia con intención. La transformación neurológica se construye igual que el músculo: con tiempo, tensión y descanso inteligente.

3 **Aplica las herramientas en el mundo real**: habla diferente, decide distinto, organiza tu dinero con ritual de sabiduría, limpia lo que te drena, da con intención. La teoría sin acción es ruido.

4 **Registra y monitorea**. Tu vida es un experimento: toma notas, mide cambios, ajusta la frecuencia. Sé científico con tu fe.

En estas páginas verás ciencia explicada en lenguaje humano, ejercicios que desafiarán tu comodidad, mantras para reprogramar redes neuronales y prácticas energéticas que reorientan tu campo. Verás también filosofía que te dará contexto: porque la mejor técnica sin un propósito se convierte en vacío. Y encontrarás, a veces, la palabra cruda, directa y sin eufemismos—porque la verdad cuando es necesaria debe sonar como impacto.

No te prometo riquezas instantáneas. Te prometo algo

más peligroso y definitivo: **la posibilidad de convertirte en la clase de mente que el dinero busca.** Eso es lo que la élite real sabe y pocas veces comparte: el dinero se acerca a la coherencia. Cuando tu pensamiento, emoción y conducta vibran en la misma clave, la realidad se reacomoda para reflejarlo.

Este libro fue diseñado para ser un catalizador. No es un fin; es un inicio. Es la primera descarga de una corriente que te llevará a repensar tu relación con el tiempo, con el valor, con el servicio y con el legado. No se trata solo de acumular activos, sino de construir una arquitectura de vida donde la abundancia sea el efecto natural y no la excepción.

Si al cerrar estas primeras páginas no sientes una inquietud sagrada, una punzada de responsabilidad o una chispa de rabia constructiva, entonces estás en la página equivocada. Pero si tu pecho se ha encendido, si algo en tu cuerpo pide más, entonces bienvenido: estás entrando en entrenamiento.

Alguien dijo que el conocimiento es poder; yo digo que **la reprogramación es libertad.** Con el Método C33 no vas a aprender trucos mercantiles: vas a modificar las señales que atraen riqueza. Cambiarás los órdenes. Reescribirás las frases que han gobernado tu destino. Y cuando lo hagas, el dinero no tendrá que perseguirte: te reconocerá.

Este prólogo es un llamado y una advertencia. El cambio exige limpieza, disciplina y un tipo de amor que sabe decir no a lo que no sirve. Si estás dispuesto a pagar ese precio —y créeme, vale cada gota— entonces sigue. Abre el primer código y deja que cada página te reacondicione. Hazlo con respeto, con ferocidad y con reverencia.

Porque no viniste aquí por accidente. Viniste porque tu alma se cansó de la medianía y ahora exige expansión. Este libro no es el final de tu búsqueda: es el mapa para que seas quien el dinero busque.

Si estás listo para convertirte en frecuencia, gira la página. La reprogramación comienza ahora.

— EDGAR HERNÁNDEZ (EH)

LA MENTE COMO LABORATORIO DE LA ABUNDANCIA

— EDGAR HERNÁNDEZ (EH)

No estás frente a un libro.

Estás entrando a un mapa neuronal.

Un sistema de activación diseñado para reconfigurar la forma en que tu cerebro procesa el dinero, el valor y la realidad.

El *Método C33* no nació de la teoría.

Nació de la observación, del dolor, de la ciencia y de la verdad que la mayoría teme decir:

la mente humana ha sido programada para sobrevivir, no para prosperar.

Desde que llegas al mundo, te descargan el software del miedo.

Te enseñan que el dinero es escaso, que la abundancia es sospechosa y que desear más es pecado.

Y cuando intentas crecer, esa programación invisible —transmitida por generaciones— sabotea tus resultados, como un virus silencioso corrompiendo cada intento de expansión.

La pobreza no es un destino.

Es un *sistema operativo mental.*

Y la riqueza no es suerte.

Es una *frecuencia codificada en tu biología.*

Cada pensamiento que tienes es una descarga eléctrica.

Cada emoción que sostienes, un campo magnético.

Juntas, crean una señal cuántica que el universo interpreta como una orden.

Y esa orden, hermano, define lo que recibes.

Tu realidad financiera no es más que la manifestación física de las creencias que gobiernan tu mente subconsciente.

Por eso, ganar dinero sin transformar la mente es como intentar instalar un nuevo programa en un sistema obsoleto:

crashea. Se bloquea. Se autodestruye.

El *Método C33* existe para **reprogramar ese sistema.**

Para hackear la estructura vieja y reemplazarla por una arquitectura mental de expansión, merecimiento y libertad.

No se trata de atraer dinero.

Se trata de convertirte en la clase de frecuencia que el dinero reconoce.

Durante años, busqué respuestas en la psicología, la neurociencia, la filosofía y la energía.

Y descubrí algo que lo une todo:

la mente no distingue entre realidad e imaginación.

Solo responde a la intensidad emocional con la que crees.

Eso significa que puedes construir tu mundo desde adentro hacia afuera.

Y este libro te enseñará cómo hacerlo con precisión quirúrgica.

El *Método C33* está dividido en tres dimensiones, cada una diseñada para atacar un nivel diferente de tu sistema mental:

- **Dimensión 1: MENTE** → Reescribe tus creencias, lenguaje y patrones de pensamiento.
- **Dimensión 2: ENERGÍA** → Eleva tu vibración, limpia tu campo y alinea tus emociones con la frecuencia del dinero.
- **Dimensión 3: REALIDAD** → Materializa. Ordena tus finanzas, crea sistemas, multiplica y deja legado.

Cada código es una llave.

Cada llave abre una puerta.

Y cada puerta te acerca a una versión de ti que siempre existió, pero que la programación antigua mantenía dormida.

No leas este libro buscando frases bonitas.

Léelo buscando *colapsar tu versión anterior.*

Porque en este proceso no vas a mejorar tu vida: vas a **reconstruirte.**

Habrá momentos donde tu mente racional se resista.

Donde tus viejas creencias griten.

Donde sientas miedo o incomodidad.

Esa es la señal de que la reprogramación está funcionando.

Cada vez que dudes, recuerda esto:

no estás leyendo palabras; estás ejecutando códigos.

Estos códigos han sido diseñados con precisión neuropsicológica:

actúan sobre los sistemas de recompensa, dopamina y atención selectiva;

modifican la forma en que tu cerebro procesa el riesgo, el placer y el merecimiento;

y, lo más importante, reeducan tu subconsciente para percibir la abundancia como algo natural, no excepcional.

Verás referencias a física cuántica, biología celular, filosofía estoica y psicología moderna.

Pero el lenguaje será claro, humano y directo,

porque no necesitas más teoría:

necesitas **transformación.**

Mi intención no es impresionarte,

es **activarte.**

Al finalizar este libro, no quiero que digas "aprendí mucho."

Quiero que digas:

"Ya no soy el mismo."

Porque esa será la señal de que el C33 cumplió su propósito:

romper la versión limitada que te enseñaron a ser,

y despertar a la mente que siempre supo que la felicidad sí puede comprarse,

porque **la felicidad es abundancia manifestada en forma de libertad, amor y tiempo.**

Bienvenido al entrenamiento mental más poderoso de tu vida.

Aquí no buscamos riqueza.

Aquí la recordamos.

Tu nueva realidad comienza ahora.

— EDGAR HERNÁNDEZ (EH)

PARTE I

DIMENSIÓN 1 — MENTE: EL ORIGEN DE TU REALIDAD FINANCIERA

“Nada cambia fuera hasta que algo cambia dentro.”— EH

Durante siglos, la humanidad ha buscado la abundancia en los lugares equivocados: en la suerte, en el esfuerzo físico o en las fórmulas externas. Pero la raíz de todo resultado, riqueza o fracaso, siempre ha estado en el mismo sitio: **la mente.**

El dinero, el éxito y la plenitud no comienzan con acción, comienzan con pensamiento.

Cada idea que sostienes en tu mente produce una emoción; cada emoción genera una frecuencia; y esa frecuencia dicta las decisiones que construyen tu destino. Así de simple. Así de profundo.

El ser humano promedio utiliza menos del cinco por ciento de su potencial mental de forma consciente. El resto opera en piloto automático, bajo programas heredados:

miedo, escasez, culpa. Estas programaciones conforman el *modelo interno de realidad*, el software invisible que decide cuánto mereces, cuánto puedes tener y cuán lejos puedes llegar.

La buena noticia es que la mente es *reconfigurable.*

La neurociencia lo llama **plasticidad neuronal**: la capacidad del cerebro para crear nuevas conexiones cuando incorporas nuevos pensamientos, emociones y experiencias.

En otras palabras: **puedes cambiar tu estructura mental y, con ella, tu destino financiero.**

Esta dimensión es el primer laboratorio del Método C33.

Aquí no mediremos logros por lo que posees, sino por lo que eres capaz de pensar sin miedo.

Aprenderás a observar tu diálogo interno, a dominar tu atención y a usar el pensamiento como herramienta de diseño consciente.

Reescribirás creencias, desmontarás viejos discursos familiares y construirás una mente que trabaje a tu favor.

Imagina tu mente como una imprenta sagrada: todo lo que grabas en ella se reproduce en la materia. Si imprimes carencia, generas escasez. Si imprimes visión, generas expansión.

Por eso, antes de hablar de energía o de realidad material, debemos limpiar la fábrica de ideas.

En esta primera dimensión, despertarás once códigos.

Cada uno es una llave diseñada para abrir un área distinta de tu estructura mental: identidad, enfoque, creencias, lenguaje, emoción, decisión.

Cuando los actives, dejarás de reaccionar a la vida y comenzarás a **programarla.**

No busques velocidad. Busca precisión.

La mente responde a la constancia, no a la prisa.

Lee cada código como si fuera una sesión de entrenamiento; repite los ejercicios; observa tus pensamientos como un científico.

Porque el cambio que estás a punto de iniciar no se mide en días, sino en niveles de conciencia.

Y cuando domines tu mente, todo lo demás —energía, dinero, relaciones, tiempo— se reordenará a tu frecuencia.

Prepárate.

Este es el punto cero de tu nueva programación.

Aquí comienza la transformación de la causa.

Lo que viene a continuación son las herramientas para **pensar como un creador y no como una víctima del sistema.**

Bienvenido a la Dimensión 1 del Método C33:
la mente, el laboratorio donde la abundancia se diseña.

1

CÓDIGO 1 — EL PENSAMIENTO MAESTRO

"Tu mente es la imprenta del dinero." — EH

1. Apertura

Ningún imperio se construyó con ladrillos antes de levantarse en la mente de alguien.

Cada puente, empresa o fortuna que ves fuera fue primero una estructura invisible en el pensamiento de alguien dentro.

Por eso el primer entrenamiento del Método C33 no consiste en hacer, sino en **pensar con precisión.**

Pensar no es un acto casual.

Es emitir una frecuencia.

Cada pensamiento que sostienes —sea de temor o de visión— genera una vibración eléctrica y química en tu cerebro.

Y esa vibración se traduce en acción, tono, decisión y, finalmente, en resultados.

. . .

2. Neurociencia del pensamiento

El cerebro humano procesa alrededor de 60 000 pensamientos al día, y más del 90 % son repeticiones del día anterior.

Eso significa que la mayoría de las personas viven en una **realidad reciclada.**

Sus neuronas disparan los mismos circuitos, activan las mismas emociones y refuerzan las mismas conductas.

Cuando piensas desde la preocupación, tu sistema límbico libera cortisol; el cuerpo entra en modo defensa y la mente se vuelve incapaz de percibir oportunidades.

Cuando piensas desde propósito y gratitud, el cerebro produce dopamina y serotonina; los centros de motivación y recompensa se activan, y tu visión se expande.

Cambiar de pensamiento no es simple optimismo:

es **neuroarquitectura aplicada.**

Repetir una idea nueva con emoción y convicción crea nuevas rutas neuronales; las viejas conexiones, al no ser usadas, se debilitan.

Así es como se reprograma una mente.

3. La filosofía detrás

La mente es un taller sagrado donde se fabrica la materia.

El universo no responde a tus súplicas, responde a tu **coherencia.**

Pensamiento, emoción y acción son los tres engranajes de la creación.

Si uno de ellos vibra en contradicción, el sistema entero se bloquea.

El Pensamiento Maestro es la alineación consciente de los tres.

Pensar con intención, sentir con dirección y actuar con decisión.

Eso convierte a una idea en una fuerza capaz de doblar la realidad.

4. Ejercicio de reprogramación

El Ritual del Pensamiento Dirigido (5 minutos diarios):

1 Siéntate en silencio. Respira tres veces profundo.

2 Visualiza una versión de ti que ya domina la abundancia.

3 Observa su mirada, su postura, su calma.

4 Pregúntate: *¿Qué pensamientos gobiernan la mente de esa versión mía?*

5 Elige uno. Escríbelo.

6 Durante el día, repítelo cada vez que notes miedo o distracción.

7 Cierra la noche agradeciendo como si ya fuera real.

Este simple ritual reconfigura los circuitos neuronales de enfoque y recompensa.

En treinta y tres días de práctica constante, notarás cómo tu diálogo interno cambia de defensa a creación.

5. Mantra C33

"Mis pensamientos crean mi economía.

Cada idea que sostengo con emoción se convierte en materia.

Soy el arquitecto de mi abundancia."

Repítelo durante 33 segundos cada mañana.

La mente se moldea con ritmo y repetición.

. . .

6. Cierre filosófico

El trabajo duro sin pensamiento maestro es ruido.

El pensamiento maestro sin acción coherente es fantasía.

La verdadera creación ocurre cuando la mente piensa, el corazón siente y el cuerpo ejecuta en la misma dirección.

A partir de hoy, observa tus pensamientos como un escultor observa el mármol:

cada golpe de atención da forma a tu realidad financiera.

Deja de reaccionar. Empieza a diseñar.

El universo no paga por esfuerzo, paga por frecuencia.

Y el primer pago llega cuando entiendes esto:

no existe riqueza externa sin una mente que ya la sostiene por dentro.

2

CÓDIGO 2 — EL CÓDIGO DE LA IDENTIDAD

“No atraes lo que quieres; atraes lo que crees ser.” — EH

1. Apertura

El universo no responde a tus deseos; responde a tu autodefinición.

Puedes repetir miles de afirmaciones, visualizar metas o trabajar sin descanso, pero si en lo profundo de ti crees que no eres suficiente, **tu mente rechazará aquello que contradice tu identidad.**

Cada persona vive dentro de una narrativa: *quién soy, qué merezco, qué puedo lograr*.

Esa narrativa es el filtro invisible que determina qué oportunidades ves y cuáles ignoras.

El dinero, las relaciones y las experiencias que llegan a tu vida no son casualidad: son coherencia entre lo que dices y lo que realmente crees ser.

. . .

2. Psicología de la identidad

Tu cerebro opera con un principio de *consistencia interna*: necesita que tus acciones coincidan con tu autoimagen.

Cuando haces algo que contradice esa imagen —por ejemplo, cobrar más, invertir, arriesgarte— el sistema límbico interpreta amenaza y activa el miedo.

Por eso, muchas personas sabotean su crecimiento: su identidad no está calibrada con sus objetivos.

Cambiar la identidad no es fingir; es **redefinir la evidencia interna.**

Cada vez que actúas como la persona que quieres ser, tu cerebro registra una nueva prueba.

Repite el patrón suficiente veces y esa versión se consolida.

La neuroplasticidad trabaja a favor de quien repite acciones coherentes con su nueva definición.

3. La visión filosófica Inspired

No atraes lo que anhelas porque el deseo suele venir desde la carencia.

Atraes lo que expresas, lo que vibras cuando ya te sientes completo.

La verdadera transformación no es agregar, es recordar:

recordar que ya fuiste abundancia, que ya fuiste poder, que solo olvidaste tu forma original.

Cuando reconoces tu identidad como creador, dejas de pedir permiso para prosperar.

El dinero deja de ser una meta y se convierte en espejo: refleja la confianza y el valor que proyectas.

. . .

4. Ejercicio de reprogramación

El espejo de la nueva identidad (7 minutos diarios):

1 Colócate frente a un espejo. Mírate sin juicio.

2 Declara en voz alta tres frases que describan la versión que estás construyendo:

- *Soy una mente disciplinada.*
- *Soy un canal de valor.*
- *Soy merecedor de abundancia consciente.*

3 Nota las emociones que surgen. Si hay resistencia, repite hasta que la voz interna se calme.

4 Cada noche, registra una acción que probó que esa identidad es real.

Este ejercicio combina visualización, lenguaje afirmativo y refuerzo conductual; tres factores que, sostenidos, reprograman tu autoimagen.

5. Mantra C33

"Yo soy la fuente, no la carencia.

Mis decisiones definen mi identidad.

Mi mente reconoce su poder y el mundo responde."

Repítelo tres veces en la mañana y tres en la noche.

6. Cierre filosófico

Tu identidad es la contraseña de tu realidad.

Mientras te definas como alguien que "intenta", el universo te mantendrá intentando.

Cuando declares y sostengas "soy", la realidad se reconfigura a tu nivel.

No busques cambiar el mundo exterior:

cambia la imagen mental de quién eres dentro de él.

El día en que tu identidad y tu propósito hablen el mismo idioma, la abundancia no tendrá elección más que encontrarte.

3

CÓDIGO 3 — EL LENGUAJE INTERNO

"Las palabras que te dices son las órdenes que ejecuta tu cerebro." — EH

1. Apertura

El diálogo más poderoso de tu vida no ocurre con nadie más.

Ocurre contigo.

Cada pensamiento que repites en silencio, cada frase que pronuncias cuando nadie te escucha, es un comando que tu mente graba sin cuestionar.

El lenguaje no es solo comunicación:

es **programación biológica.**

Tu sistema nervioso traduce las palabras en impulsos eléctricos y químicos.

Cuando dices "no puedo", tu cuerpo literalmente disminuye energía;

cuando afirmas "sí puedo", se activa la red neuronal de acción.

El cerebro no distingue entre broma y verdad: obedece lo que repites con emoción.

Por eso, quien controla su lenguaje, **controla su destino.**

2. Neurociencia del lenguaje

Cada palabra que pronuncias desencadena un conjunto de respuestas neuronales.

El área de Broca y el giro temporal del cerebro se iluminan cuando hablas; esas zonas están conectadas con el sistema límbico, responsable de las emociones.

Significa que **el lenguaje moldea directamente tu estado emocional.**

Las frases negativas activan amígdalas cerebrales asociadas al miedo; el cuerpo produce cortisol.

Las frases positivas y de posibilidad activan el núcleo accumbens y liberan dopamina.

Repetir afirmaciones de poder no es un ritual esotérico, es un proceso neuroquímico que modifica tu fisiología.

Hablar bien de ti mismo no es ego, es **higiene mental.**

3. Filosofía Inspired

El universo no escucha tus palabras: escucha la emoción que contienen.

Y esa emoción se codifica a través del lenguaje interno.

Si dices "algún día tendré éxito", tu vibración comunica distancia.

Si dices "ya estoy construyendo éxito", tu vibración comunica presencia.

Las civilizaciones antiguas lo sabían: nombrar era crear.

La palabra era sagrada porque convertía lo invisible en visible.

El *Método C33* retoma ese principio y lo lleva a la práctica moderna:

cada palabra es una orden cuántica, cada afirmación es una herramienta de diseño.

4. Ejercicio de reprogramación

Inventario de lenguaje (15 minutos, una vez por semana):

1 Durante un día, observa cómo te hablas.

Anota frases frecuentes: "no tengo tiempo", "esto es difícil", "no me sale".

2 Clasifica cada frase en dos columnas: *expansiva* o *limitante.*

3 Por cada frase limitante, escribe una versión reprogramada:

◦ "No tengo tiempo" → "Estoy aprendiendo a administrar mi tiempo."

◦ "No me alcanza" → "Estoy mejorando mi flujo financiero."

4 Repite conscientemente las nuevas frases durante siete días.

El objetivo no es negar la realidad, sino **darle una dirección constructiva.**

En menos de tres semanas, notarás cambios en tu atención y energía: tu mente comenzará a buscar coherencia con tu nuevo lenguaje.

5. Mantra C33

"Mis palabras crean movimiento.

Hablo con poder, siento con intención, actúo con coherencia.

Soy el narrador de mi prosperidad."

Repítelo en voz alta al despertar y antes de dormir.

La voz humana tiene un efecto de resonancia que refuerza las conexiones cerebrales asociadas al mensaje.

6. Cierre filosófico

El dinero sigue al lenguaje del valor.

Si hablas desde el miedo, atraerás supervivencia.

Si hablas desde creación, atraerás expansión.

El lenguaje interno es la voz de tu programación.

No se trata de mentirte con frases vacías, sino de hablarte como quien ya sabe que está en camino.

Porque cuando cambias la forma en que te hablas, cambias la forma en que el mundo te responde.

Cuida tus palabras como quien cuida su tesoro: en ellas viaja la frecuencia de tu próxima realidad.

4

CÓDIGO 4 — EL ENFOQUE

"La mente crea donde se concentra." — EH

1. Apertura

Nada crece en terreno disperso.

Cada vez que tu atención se divide entre mil estímulos, tu energía se diluye.

La mente es un lente: cuando está desenfocado, todo se vuelve confuso; cuando ajustas el foco, la imagen se vuelve nítida y la acción se vuelve eficaz.

El secreto no está en hacer más, sino en **eliminar lo que no merece tu energía.**

La abundancia no se alcanza con velocidad, sino con dirección.

2. Neurociencia del enfoque

El córtex prefrontal —la zona que decide, planifica y

mantiene la atención— consume una enorme cantidad de energía.

Cada interrupción, cada notificación, cada pensamiento de duda, obliga al cerebro a reiniciar el proceso de concentración.

Se pierden segundos que suman horas; se desgasta la química cerebral encargada de la claridad.

Cuando practicas el enfoque sostenido, el cerebro libera acetilcolina y dopamina:

una combinación que produce la sensación de flujo.

En ese estado, tu mente y tu acción se alinean, el tiempo se dilata y la productividad se dispara.

El enfoque no es talento; es entrenamiento neurológico.

3. Filosofía Inspired

Donde pones tu atención, pones tu vida.

Cada pensamiento sostenido es una inversión de energía, y la energía siempre busca retorno.

Si concentras tu mente en carencia, multiplicas carencia.

Si concentras tu mente en expansión, la expansión se organiza a tu alrededor.

El enfoque es una forma de oración silenciosa: lo que contemplas con constancia se convierte en tu realidad.

Por eso, aprender a dirigir la mente es aprender a crear.

4. Ejercicio de reprogramación

Ritual de Enfoque C33 (10 minutos diarios):

1 Elige una meta concreta para los próximos 33 días. Escríbela en una sola frase.

2 Cierra los ojos y visualiza solo esa meta, como si ya fuera un hecho.

3 Durante 10 minutos, observa los pensamientos que intenten distraerte.

4 No luches contra ellos; simplemente vuelve al objetivo con calma.

5 Cada vez que regreses, repite mentalmente: *"Vuelvo al centro."*

Este entrenamiento enseña a tu cerebro a resistir distracciones y a fortalecer las redes neuronales del autocontrol.

5. Mantra C33

"Mi atención es mi moneda.

Invierto mi energía en lo que me expande.

Allí donde pongo mi mirada, florece la realidad."

Repite el mantra cada vez que sientas dispersión.

En pocos días notarás más calma, precisión y productividad.

6. Cierre filosófico

El mundo moderno premia la distracción, pero la riqueza premia la concentración.

El verdadero lujo no es tener más tiempo, es **saber en qué usarlo.**

Cada minuto de atención consciente es una semilla plantada en el jardín de tu futuro.

Cuando tu mente aprende a permanecer, tus resultados aprenden a multiplicarse.

El enfoque no es rigidez; es libertad dirigida.

Y esa libertad, bien entrenada, se llama abundancia.

5

CÓDIGO 5 — LA CREENCIA LIMITANTE

“La pobreza es una hipnosis colectiva.” — EH

1. Apertura

Nadie nace con miedo al dinero ni con culpa por prosperar.

Esas ideas se aprenden.

Desde pequeños escuchamos frases que se incrustan en el subconsciente:

“el dinero corrompe”, “los ricos son malos”, “hay que sufrir para ganarlo”.

Repetidas por generaciones, esas frases se convierten en **creencias heredadas.**

Las creencias limitantes son los programas invisibles que gobiernan la mente.

No son verdades, pero mientras las aceptes como tales, operarán como leyes.

. . .

2. Psicología de la creencia

Cada creencia es un circuito neuronal reforzado por experiencia y emoción.

El cerebro busca coherencia: cuando una situación contradice una creencia, genera incomodidad y activa el sesgo de confirmación —tendencia a ver solo lo que valida lo que ya crees.

Por eso, quien piensa "no hay oportunidades", deja de verlas;

quien piensa "el dinero es difícil", percibe dificultad en cada intento.

Romper una creencia limitante requiere **crear evidencia nueva**.

No basta con pensar distinto: debes sentir y actuar de forma diferente para que el cerebro registre una realidad alternativa.

Ahí empieza la reprogramación.

3. Filosofía Inspired

La pobreza no es solo falta de recursos; es una forma de mirar el mundo.

Es el hábito de reducir la realidad al miedo.

Y como toda hipnosis, se mantiene solo mientras no la cuestiones.

El ser humano libre no culpa al sistema, observa el sistema y diseña uno nuevo.

Cada vez que eliges un pensamiento de abundancia frente a una creencia de carencia, estás rompiendo un hechizo social.

Y cuando muchas mentes hacen lo mismo, la cultura entera cambia.

La libertad comienza cuando dejas de aceptar las creencias prestadas y decides escribir las tuyas.

4. Ejercicio de reprogramación

Inventario de creencias (20 minutos):

1 Escribe tres frases que escuchaste sobre el dinero cuando eras niño.

2 Pregúntate: *¿De quién las aprendí? ¿Esa persona vivía en abundancia?*

3 Observa si esas frases aún gobiernan tus decisiones actuales.

4 Reemplázalas por declaraciones conscientes:

- "El dinero es una herramienta de expansión."
- "Merezco prosperar sin culpa."
- "La abundancia es natural."

5 Coloca las nuevas frases en un lugar visible y léelas cada día durante 33 días.

Este proceso expone los viejos patrones a la luz de la conciencia y refuerza nuevas conexiones neuronales.

5. Mantra C33

"Rompo el ciclo de la escasez heredada.

Mi mente es libre para crear valor y recibir sin culpa.

La abundancia comienza en mis pensamientos."

Repite el mantra cuando notes frases antiguas en tu mente; reemplázalas inmediatamente.

6. Cierre filosófico

La mente humana es un instrumento perfecto; lo que la limita son las ideas que la habitan.

Cada vez que cuestionas una creencia antigua, abres una puerta a la expansión.

Cada vez que eliges pensar en posibilidad, amplías el mapa de tu realidad.

Recuerda: la hipnosis colectiva se mantiene con repetición.

La libertad individual también.

Elige qué repetir.

6

CÓDIGO 6 — EL AUTOVALOR

"Solo recibes lo que crees merecer." — EH

1. Apertura

El dinero no mide tu valor; lo refleja.

Nada puede permanecer en tus manos si tu mente no cree que lo merece.

Las oportunidades, las relaciones, los proyectos: todo responde al nivel de estima con el que te tratas.

El mundo te paga en la misma moneda con la que tú te valoras.

Por eso, cuando tu autoestima está condicionada, tu prosperidad también lo está.

No es arrogancia sentirte valioso; es exactitud espiritual.

Lo opuesto no es humildad, es desvalorización disfrazada de virtud.

2. Psicología del autovalor

El cerebro tiene un sistema llamado **auto-referencia**, encargado de mantener la coherencia entre lo que crees que vales y lo que experimentas.

Cuando recibes más de lo que consideras merecer, sientes incomodidad; inconscientemente buscas volver al equilibrio anterior.

Esa incomodidad es lo que muchas personas llaman "miedo al éxito".

Para elevar tu realidad externa, primero debes elevar tu percepción interna.

La autoestima no se construye con elogios, sino con **evidencias acumuladas de coherencia**: cumplir lo que dices, cuidar tu entorno, invertir tiempo en aprender, hablarte con respeto.

Cada acto congruente envía al cerebro una señal: *"valgo."*

Cuando esa señal se vuelve dominante, la vida te devuelve el eco.

3. Filosofía Inspired

El autovalor es una frecuencia, no una opinión.

No depende de títulos, de cifras ni de aprobación.

Eres valioso porque existes, porque eres expresión de conciencia en movimiento.

La abundancia es el efecto natural de una mente que se honra.

Quien se trata con respeto genera decisiones de expansión; quien se desprecia toma decisiones de supervivencia.

El dinero no amplifica tu valor; amplifica tu autopercepción.

Por eso, el trabajo más importante no es producir, sino **recordar quién eres cuando olvidas lo que vales.**

. . .

4. Ejercicio de reprogramación

Inventario de merecimiento (10 minutos):

1 Escribe tres áreas donde sientas que recibes menos de lo que deseas.

2 Anota qué pensamientos te impiden recibir más.

Ejemplo: "No tengo suficiente experiencia", "No soy tan bueno como otros".

3 Reescribe cada frase con una versión realista y empoderada:

- "Estoy aprendiendo y mejorando cada día."
- "Mi trabajo tiene valor y merece ser bien pagado."

4 Cada noche, antes de dormir, recuerda un logro del día, por pequeño que sea.

Reconócelo sin ironía.

5 Durante 33 días, repite el nuevo lenguaje de merecimiento hasta que tu cuerpo lo sienta natural.

El objetivo no es inflar el ego, sino **alinear la mente con la verdad de tu valor.**

5. Mantra C33

"Merezco abundancia sin culpa.

Mi valor no depende del juicio ajeno.

Me trato con respeto y el mundo responde en consecuencia."

Repítelo frente al espejo cada mañana; la retroalimentación visual refuerza la autoimagen positiva.

6. Cierre filosófico

La abundancia no llega para completarte, llega para reflejarte.

El universo no te entrega lo que pides, sino lo que crees merecer.

Cuando aprendes a verte con ojos de valor, las puertas se abren solas, porque dejas de golpear: **reconoces que ya tienes la llave.**

Valorarte no es un acto de vanidad; es una declaración de responsabilidad.

Quien reconoce su valor, también reconoce su deber de crecer.

7

CÓDIGO 7 — LA VISUALIZACIÓN DIRIGIDA

"Ver es poseer." — EH

1. Apertura

Nada llega a tus manos que antes no haya pasado por tu mente.

Cada invento, cada éxito, cada nuevo comienzo empezó como una imagen sostenida con fe.

La visualización no es fantasía: es el entrenamiento del cerebro para reconocer un resultado antes de vivirlo.

El problema es que muchas personas visualizan sin darse cuenta: repasan fracasos, imaginan problemas, ensayan miedos.

Eso también es visualización, pero sin dirección.

La mente no distingue entre lo que imaginas y lo que ocurre; simplemente **responde a la intensidad emocional de la imagen.**

Por eso, quien domina su visión, domina su destino.

. . .

2. Neurociencia de la visualización

Estudios de neuroimagen demuestran que cuando imaginas una acción, se activan las mismas áreas cerebrales que cuando la ejecutas.

El cerebro ensaya la experiencia, y ese ensayo crea *memoria anticipada*.

A mayor repetición, más fácil resulta reproducir la acción real.

Los atletas lo usan para perfeccionar movimientos; los líderes, para preparar discursos; los científicos, para resolver problemas complejos.

Cuando practicas visualizar resultados positivos con detalle y emoción, tu sistema nervioso aprende el camino.

Cuando llega el momento real, la mente lo reconoce y actúa con seguridad.

Visualizar es programar tu sistema reticular —la red que decide qué información filtras del entorno— para que note las oportunidades alineadas con tu imagen mental.

3. Filosofía Inspired

Ver es un acto creador.

Mirar con intención es sembrar en el campo invisible de la realidad.

Quien visualiza desde la certeza, no "espera" resultados: **ya vive dentro de ellos**.

La visualización dirigida es disciplina espiritual y ciencia aplicada.

No consiste en soñar lo imposible, sino en observar con tanta claridad lo posible que el universo no tenga opción más que ordenarse a esa visión.

La mente es un proyector: la imagen que sostienes, tarde o temprano, se materializa.

. . .

4. Ejercicio de reprogramación

El laboratorio de imágenes (10 minutos diarios):

1 Siéntate en un lugar tranquilo.

2 Define una meta específica: una cifra, un proyecto, una escena de vida.

3 Ciérralos ojos e imagina esa escena ya cumplida.

4 Añade detalles: sonidos, colores, temperatura, emociones.

5 Permanece ahí durante 5 minutos, sintiendo gratitud como si ya hubiese ocurrido.

6 Abre los ojos y escribe una frase que resuma la visión.

7 Léela cada mañana antes de iniciar tu día.

La gratitud activa la dopamina; la repetición consolida nuevas conexiones; la emoción da energía a la imagen.

5. Mantra C33

“Mi mente ve con claridad.

Cada imagen que sostengo con emoción se convierte en acción.

Mi visión es la semilla de mi realidad.”

6. Cierre filosófico

Ver no es esperar; ver es crear.

La diferencia entre quien imagina y quien logra es la dirección de la emoción que acompaña la imagen.

No visualices desde la carencia de lo que aún no tienes.

Visualiza desde la gratitud por lo que ya está viniendo.

La imagen sostenida en paz se convierte en materia.

Por eso, ver es poseer.

Y quien aprende a ver con propósito, nunca vuelve a vivir por accidente.

8

CÓDIGO 8 — EL DESEO CONSCIENTE

“La intención enfocada es energía multiplicada.” — EH

1. Apertura

Todo lo que existe comenzó con un deseo.

El deseo es el primer movimiento del universo hacia la creación.

Sin embargo, la mayoría teme desear: teme parecer egoísta, teme no merecer, teme fallar.

Así, reprimen su fuerza vital.

El deseo no es el enemigo de la espiritualidad; es su combustible.

Sin deseo, la vida se estanca; sin dirección, el deseo se dispersa.

La clave no es apagarlo, sino **purificarlo y enfocarlo.**

El deseo consciente es intención con propósito: la unión de la emoción con la dirección.

. . .

2. Psicología y neurociencia del deseo

En el cerebro, el deseo activa el sistema de recompensa dopaminérgico.

Esa activación impulsa curiosidad, esfuerzo y aprendizaje.

Sin deseo no hay motivación, ni avance, ni evolución.

Pero cuando el deseo se mezcla con ansiedad o comparación, se vuelve tóxico.

La dopamina se convierte en cortisol; el impulso se transforma en frustración.

La diferencia está en el enfoque:

el deseo consciente **busca expansión interna**;

el deseo inconsciente **busca validación externa**.

Entrenar tu mente para dirigir el deseo implica alinear tres sistemas:

1 **Cognitivo:** saber qué quieres y por qué.

2 **Emocional:** sentir gratitud y certeza en el proceso.

3 **Conductual:** actuar de forma coherente con esa visión.

Cuando los tres se sincronizan, la energía del deseo se vuelve creadora.

3. Filosofía Inspired

Desear es recordar lo que tu alma ya sabe que puede ser.

El deseo verdadero no nace del vacío, sino de la memoria de la plenitud.

Cuando deseas con conciencia, no pides, **reconoces**.

No luchas por lo que falta, convocas lo que ya existe en potencia.

El deseo es una conversación entre tu presente y tu futuro; cada pensamiento alineado acerca ambas orillas.

Convertir el deseo en conciencia es elevar la materia en dirección al propósito.

. . .

4. Ejercicio de reprogramación

Mapa del deseo consciente (15 minutos):

1 Escribe tres deseos que realmente te muevan.

2 Junto a cada uno, anota *por qué* lo quieres.

◦ Si el motivo nace del miedo o la comparación, descártalo o reescríbelo.

◦ Si nace del propósito o el servicio, mantenlo.

3 Escoge un deseo principal y visualízalo como cumplido.

4 Observa la emoción que surge.

Esa emoción es la frecuencia que debes mantener durante el día.

5 Da un paso pequeño y concreto hacia ese deseo hoy mismo.

El deseo sin acción es fantasía; la acción sin deseo es rutina.

Juntos, son expansión.

5. Mantra C33

"Deseo con claridad y sin culpa.

Mi intención es pura, mi energía está dirigida.

Lo que imagino con propósito, el universo organiza."

Repite el mantra cada vez que notes ansiedad o impaciencia.

Transforma el deseo en calma orientada.

6. Cierre filosófico

El deseo no se suprime, se educa.

Cuando aprendes a desear desde el propósito y no desde la carencia, el universo deja de resistirte.

Desear conscientemente es declarar:

"Sé quién soy, sé lo que quiero, sé por qué lo quiero."

Y cuando la mente y el corazón vibran en esa frase,

el deseo deja de ser impulso y se convierte en dirección.

9

CÓDIGO 9 — LA DECISIÓN IRREVOCABLE

"El universo responde al que se decide." — EH

1. Apertura

Entre soñar y lograr hay una sola puerta: decidir.

La mayoría no fracasa por falta de talento, sino por indecisión.

Esperan la señal perfecta, el momento ideal, la aprobación de otros.

Pero el universo no premia la espera: responde a la acción coherente.

Cada vez que postergas una decisión, refuerzas en tu cerebro el circuito del miedo.

Cada vez que eliges y actúas, refuerzas el circuito del poder.

Decidir es declarar autoridad sobre tu vida.

2. Neurociencia de la decisión

Tomar decisiones activa la corteza prefrontal, el área responsable del juicio y la planificación.

Cuando dudas demasiado, esa zona se fatiga y el cerebro busca alivio evitando elegir.

Por eso, la indecisión genera ansiedad: el cuerpo queda atrapado entre dos rutas sin avance.

Al decidir, liberas dopamina: el cerebro interpreta la acción como progreso.

Y el progreso, por mínimo que sea, libera energía.

La clave está en **reducir el análisis innecesario**:

- Define la información esencial.
- Evalúa opciones.
- Elige.
- Actúa.

Cada repetición consolida la red neuronal de confianza.

3. Filosofía Inspired

La decisión es un acto espiritual.

Cuando decides, afirmas que eres creador, no espectador.

Decidir es cortar con las mil posibilidades que drenan energía y dirigir toda tu fuerza a una sola.

El universo no necesita promesas; necesita coherencia.

Y la coherencia empieza con una elección clara.

Una mente que decide vibra alto, porque elimina el ruido de la duda.

Cada decisión auténtica es una oración en movimiento.

4. Ejercicio de reprogramación

El ritual de la elección (5 pasos):

1 Escribe tres decisiones pendientes que te causen resistencia.

2 Para cada una, contesta: *¿Qué pasaría si me atreviera hoy?*

3 Imagina el alivio de tenerla resuelta.

4 Da el paso más pequeño posible hacia esa resolución (una llamada, un correo, un compromiso).

5 Registra la sensación de avance y repite el proceso con cada nueva elección.

Este ejercicio enseña al cerebro a asociar decisión con recompensa, no con peligro.

5. Mantra C33

"Elijo con claridad.

Cada decisión fortalece mi mente.

Actuar es mi forma de agradecer al universo."

Repite el mantra antes de cualquier elección importante; calma la mente y activa coherencia interna.

6. Cierre filosófico

La indecisión es el lenguaje de la mente que teme perder.

La decisión es el lenguaje del alma que confía en ganar experiencia.

No existe decisión perfecta; existe decisión consciente.

El que espera la certeza total nunca avanza;

el que decide con fe encuentra el camino en movimiento.

Decidir no es arriesgarlo todo; es dejar de vivir a medias.

Y cuando das ese paso, el universo responde:

no porque te premie, sino porque por fin puede moverse contigo.

10

CÓDIGO 10 — EL SILENCIO MENTAL

"En el vacío se revela la dirección." — EH

1. Apertura

El mundo moderno glorifica el ruido: más información, más movimiento, más estímulo.

Pero el ruido no siempre significa progreso; muchas veces es solo confusión amplificada.

La mente saturada pierde visión.

El silencio no es ausencia de pensamiento: es el espacio donde el pensamiento correcto puede aparecer.

Cada día, durante unos minutos, la conciencia pide pausa.

En esa pausa no hay miedo ni duda, solo presencia.

Y la presencia es el punto de partida de toda creación lúcida.

2. Neurociencia del silencio

Estudios de resonancia magnética han mostrado que en los momentos de quietud la *red por defecto* del cerebro —la zona que integra recuerdos, creatividad y sentido del yo— se reorganiza.

En el silencio, el cerebro limpia conexiones redundantes y crea nuevas rutas entre regiones que normalmente no dialogan.

Por eso, después de unos minutos de quietud, surgen ideas, intuiciones o soluciones inesperadas.

El silencio también reduce los niveles de cortisol y fortalece el sistema inmunológico.

Fisiológicamente, calma; cognitivamente, aclara.

Entrenar el silencio mental es entrenar el control de la atención.

Y una mente que domina su atención domina cualquier mercado, desafío o emoción.

3. Filosofía Inspired

El silencio es la lengua del alma.

Donde la palabra termina, la sabiduría empieza.

No necesitas pedir respuestas: cuando te silencias, las escuchas.

Las grandes decisiones, los saltos cuánticos personales, las ideas que cambian la historia, no nacen del ruido.

Nacen del vacío fértil de una mente en calma.

Ahí, el ser humano recuerda quién es y hacia dónde moverse.

El silencio no te separa del mundo; te alinea con él.

4. Ejercicio de reprogramación

Práctica de silencio consciente (5–10 minutos diarios):

1 Encuentra un lugar donde no seas interrumpido.

2 Siéntate, cierra los ojos y respira lento.

3 No intentes "no pensar"; solo observa los pensamientos como nubes que pasan.

4 Cuando notes ruido interno, vuelve la atención a la respiración.

5 Al final, anota una frase o sensación que haya surgido en la quietud.

Repite esta práctica cada día a la misma hora.

En dos semanas, notarás más claridad, mejor sueño y menor reactividad emocional.

5. Mantra C33

"En el silencio encuentro fuerza.

La calma es mi maestro.

Desde la quietud elijo con sabiduría."

Puedes repetirlo mentalmente durante el día, en medio del trabajo o el ruido, para recordar tu centro.

6. Cierre filosófico

No todo se resuelve con más esfuerzo; algunas puertas se abren solo cuando te detienes a escuchar.

La mente en silencio no huye del mundo: lo observa sin distorsión.

Y desde esa claridad, cada acción se vuelve exacta.

Haz del silencio tu ritual diario.

Ahí donde otros se dispersan, tú te recargarás.

Ahí donde el ruido distrae, tú decidirás.

Porque el silencio no es vacío:

es el espacio donde la abundancia se organiza.

11

CÓDIGO 11 — EL CONTROL EMOCIONAL

"Tu estado emocional define tu cuenta bancaria." — EH

1. Apertura

El dinero no responde solo a estrategias; responde a energía.

Y la energía tiene una fuente: tus emociones.

No puedes sostener abundancia en una mente dominada por la frustración, la culpa o el miedo,

igual que no puedes cultivar un jardín en terreno envenenado.

Tu estado emocional es el clima interno de tu realidad.

Cuando la emoción es estable, las decisiones son precisas.

Cuando la emoción es caótica, la mente se vuelve enemiga.

La prosperidad no se construye solo con trabajo, sino con **gestión emocional consciente**.

. . .

2. Neurociencia de la emoción

Las emociones son respuestas químicas que conectan cerebro y cuerpo.

Cuando sientes miedo o estrés, la amígdala cerebral envía una señal de alerta;

el cortisol aumenta, el ritmo cardíaco se acelera y el pensamiento se vuelve defensivo.

Ese estado bloquea la creatividad, la intuición y la toma de riesgos inteligentes —todas esenciales para generar abundancia.

En cambio, emociones como gratitud, entusiasmo o serenidad activan la dopamina y la serotonina;

el cerebro entra en modo aprendizaje y percepción de oportunidades.

No es esoterismo: es **neuroquímica aplicada a la productividad y la visión.**

3. Filosofía Inspired

Las emociones son mensajeras, no enemigas.

No se trata de reprimirlas, sino de escucharlas sin dejar que gobiernen.

El control emocional no es frialdad: es maestría.

Quien domina su emoción no necesita controlar a nadie más.

El éxito no pertenece al más fuerte, sino al más centrado.

Cuando el mundo se agita, la mente entrenada se vuelve un refugio.

Tu estado emocional es una firma vibratoria; el universo lee esa frecuencia antes que tus palabras.

. . .

4. Ejercicio de reprogramación

Ritual del centro emocional (7 minutos):

1 Cuando sientas una emoción intensa, no la juzgues. Nómbrala: *"Siento enojo", "siento miedo", "siento duda".*

2 Respira tres veces profundo, con exhalaciones largas. (Esto calma la amígdala y reduce el cortisol).

3 Pregúntate: *¿Qué pensamiento está alimentando esta emoción?*

4 Sustituye ese pensamiento por una afirmación consciente:

◦ "Estoy aprendiendo a responder, no a reaccionar."

◦ "Mi calma crea claridad."

5 Cierra con gratitud: *"Gracias por mostrarme dónde aún puedo crecer."*

Con práctica, tu sistema nervioso asociará calma con poder, no con pasividad.

5. Mantra C33

"Soy dueño de mis emociones.
Mi calma es mi fortaleza.
Desde el equilibrio decido y creo abundancia."

Repite el mantra al inicio del día o antes de cualquier decisión importante.

6. Cierre filosófico

El verdadero dominio no es sobre los demás, sino sobre tu propio estado interno.

Quien mantiene la calma en medio del caos, mantiene el control de la creación.

Tu emoción es tu economía: si la elevas, todo se eleva.

Cuando aprendes a responder con conciencia, la vida deja de empujarte y empieza a colaborar contigo.

La mente crea, pero la emoción sostiene.

Y cuando ambas trabajan en armonía, la realidad se inclina a tu favor.

Así cierras la **Dimensión 1 del Método C33: MENTE** —

has reconfigurado la raíz de tu sistema.

A partir de aquí, la energía empieza a fluir en otra frecuencia.

Tu pensamiento ya es diseño; tu emoción, combustible.

PARTE II

DIMENSIÓN 2 — ENERGÍA: LA FRECUENCIA DEL DINERO

"Todo lo que vibra, responde." — EH

I. Apertura

La mente piensa; la energía comunica.

Después de reprogramar tus pensamientos, el siguiente paso es **aprender a emitir la frecuencia correcta**.

Cada emoción, palabra y acción genera una vibración.

El dinero, como toda forma de energía, se mueve hacia los lugares donde esa vibración encuentra coherencia.

Nada está inmóvil.

El cuerpo vibra, las células vibran, la voz vibra.

Y lo que llamamos "realidad" es simplemente la suma de todas esas vibraciones interactuando.

Por eso, cuando cambias tu energía, sin decir una palabra, **la realidad se reacomoda.**

. . .

2. Perspectiva científica

La física moderna describe el universo como un campo de energía constante.

Tu sistema nervioso, tu corazón y tu cerebro emiten impulsos eléctricos y magnéticos que se extienden más allá del cuerpo.

La emoción intensa —positiva o negativa— amplifica ese campo.

El **sistema nervioso autónomo** traduce tus emociones en señales bioeléctricas;

el **corazón** genera un campo magnético miles de veces más potente que el del cerebro.

Eso explica por qué tu estado emocional afecta no solo tus decisiones, sino también la forma en que otros te perciben.

Tu frecuencia personal es tu carta de presentación invisible.

3. Filosofía Inspired

La energía es lenguaje.

Y el dinero es una de sus formas más sensibles.

Fluye hacia donde hay orden, gratitud y expansión; se aleja de donde hay miedo, resistencia o caos.

No se trata de "pensar positivo", sino de **mantener coherencia vibratoria:**

que tu mente piense abundancia, tu corazón la sienta y tus acciones la demuestren.

Esa alineación genera magnetismo.

En esta segunda dimensión del Método C33 aprenderás a:

- Limpiar la energía que bloquea tu flujo.

• Elevar tu vibración mediante gratitud, confianza y movimiento.
• Sintonizar tu entorno con tu propósito.
• Transformar emociones densas en impulso creativo.

4. Ritual de entrada

Durante los próximos 11 códigos, dedica unos minutos diarios a observar tu energía.

Antes de actuar o hablar, pregúntate:

"¿Esta acción nace del miedo o de la expansión?"

Solo eso comenzará a modificar tu campo.

La energía responde al observador consciente.

5. Mantra de apertura de Dimensión 2

"Soy frecuencia de abundancia.

Mi energía comunica antes que mis palabras.

Donde vibro con amor y propósito, el dinero reconoce su hogar."

6. Cierre de introducción

Has limpiado la mente; ahora aprenderás a **encender el campo.**

Porque pensar sin energía es teoría,

pero energía sin mente es caos.

Aquí las unimos.

Bienvenido a la Dimensión 2 del Método C33:
la frecuencia donde la abundancia se vuelve inevitable.

12

CÓDIGO 12 — LA GRATITUD CUÁNTICA

“La abundancia comienza donde agradeces.” — EH

1. Apertura

La gratitud no es cortesía: es energía en movimiento.

Cuando agradeces, tu frecuencia cambia al instante.

Dejas de enfocarte en lo que falta y comienzas a reconocer lo que ya es.

Y lo que reconoces, se expande.

No es magia, es coherencia.

La mente enfocada en carencia produce tensión; la mente enfocada en gratitud genera apertura.

Una mente abierta percibe oportunidades; una mente tensa las ignora.

La gratitud no espera resultados: los provoca.

2. Neurociencia de la gratitud

Estudios realizados en la Universidad de California demostraron que la práctica regular de gratitud aumenta los niveles de dopamina y serotonina, los mismos neurotransmisores vinculados con la felicidad y la motivación.

El cerebro, literalmente, asocia la gratitud con bienestar y repite los comportamientos que la generan.

Además, la gratitud activa la **corteza prefrontal ventromedial**, área relacionada con la toma de decisiones y el valor percibido.

Cuando agradeces, tu cerebro interpreta la vida como abundante y toma decisiones más amplias, menos defensivas.

Por eso, la gratitud no solo te hace sentir bien: te hace **pensar mejor.**

3. Filosofía Inspired

Agradecer es afirmar que ya posees.

No es una emoción pasiva, sino una postura creadora.

Cuando agradeces por adelantado, el universo entiende que ya estás listo para recibir.

Cada "gracias" pronunciado con conciencia es una orden vibratoria:

le estás diciendo a la vida *"esto me gusta, repítelo."*

Así, la gratitud se convierte en el lenguaje más claro para comunicarte con la abundancia.

Agradecer en medio de la dificultad no es negarla, es **recordar que tú eres más grande que ella.**

4. Ejercicio de reprogramación

Ritual de gratitud cuántica (7 minutos diarios):

1 Cada mañana, escribe tres cosas por las que estás genuinamente agradecido.

Incluye al menos una que aún esté en proceso, como si ya fuera real.

2 Respira profundo y siente el agradecimiento en el cuerpo.

3 Antes de dormir, repasa mentalmente los momentos del día por los que puedes dar gracias.

4 Hazlo durante 33 días seguidos.

En menos de dos semanas, notarás más calma, más energía y una nueva manera de ver las oportunidades.

5. Mantra C33

"Agradezco antes de recibir.

Mi corazón vibra en abundancia.

Todo lo que reconozco, se multiplica."

Repite el mantra cada vez que algo te frustre.

La gratitud transforma la reacción en aprendizaje y el obstáculo en puerta.

6. Cierre filosófico

La abundancia no comienza cuando tienes más, sino cuando **reconoces lo que ya es suficiente.**

Quien agradece se vuelve imán: no porque mendigue, sino porque vibra en plenitud.

La gratitud es el lenguaje del alma rica.

Y una mente rica no persigue; atrae.

Agradecer es abrir la puerta a lo que sigue.

Y en el Método C33, la puerta que se abre con gratitud **ya no se cierra.**

13

CÓDIGO 13 — EL MERECIMIENTO ENERGÉTICO

“No recibes dinero, recibes reflejos.” — EH

1. Apertura

El universo no te da lo que pides, te da lo que sientes que mereces.

Puedes afirmar abundancia mil veces, pero si en lo profundo hay culpa o duda, la energía se bloquea.

El merecimiento no es arrogancia; es el reconocimiento natural de tu valor.

El flujo del dinero se interrumpe cuando la mente vibra en baja estima.

No porque el universo castigue, sino porque tú mismo cierras la puerta.

Creer que no mereces es el mayor sabotaje energético que existe.

2. Psicología del merecimiento

Tu sentido de merecimiento se forma en la infancia: cada vez que te aprobaron o rechazaron por tus logros, tu cerebro aprendió a asociar valor con comportamiento.

De adulto, esa memoria emocional se traduce en patrones financieros:

- Si creciste recibiendo amor solo cuando "rendías", puedes sentir culpa al disfrutar sin esfuerzo.
- Si aprendiste que el sacrificio otorga valor, rechazarás la facilidad.

El cerebro busca repetir lo familiar, incluso si duele.

Por eso, elevar el merecimiento requiere crear nuevas asociaciones:

Recibir también puede ser seguro.

Disfrutar también puede ser digno.

Cuando la mente acepta estas verdades, el sistema nervioso se relaja, y la abundancia fluye sin resistencia.

3. Filosofía Inspired

El merecimiento no se gana, se reconoce.

Eres parte de la misma inteligencia que sostiene galaxias; ¿cómo podría algo tan vasto necesitar permiso para recibir?

Cuando sientes que mereces, no estás exigiendo: estás alineando tu frecuencia con la del orden natural.

Porque la energía de la vida es expansiva, no punitiva.

La culpa contrae; el merecimiento expande.

Aceptar el merecimiento es un acto de humildad: reconocer que lo bueno también te incluye a ti.

4. Ejercicio de reprogramación

Ritual del espejo energético (7 minutos diarios):

1 Mírate al espejo. Respira profundo.

2 Sostén tu mirada y repite con calma:

- *"Me permito recibir sin culpa."*
- *"Lo bueno también es para mí."*
- *"Soy parte de la abundancia que me rodea."*

3 Observa las emociones o resistencias que surgen.

4 Respira a través de ellas; no las reprimas.

5 Hazlo 33 días seguidos, preferiblemente al despertar.

Este ritual fortalece la conexión entre tu autopercepción y tu campo energético.

5. Mantra C33

"Me permito recibir.

Lo que llega es reflejo de mi apertura.

Merezco abundancia porque existo."

Repítelo cuando sientas culpa por recibir o miedo a perder.

El mantra reconecta mente y energía con la certeza de que ya eres suficiente.

6. Cierre filosófico

No recibes dinero; recibes coherencia.

No recibes amor; recibes vibración.

Todo lo que llega a ti es espejo de cómo te sientes contigo mismo.

Deja de preguntarte si lo mereces y empieza a preguntarte si estás dispuesto a sostenerlo.

Porque el merecimiento no se discute: se vibra.

Y cuando vibras en apertura, la vida se convierte en un reflejo luminoso de tu propio valor.

14

CÓDIGO 14 — EL AMOR PROPIO

"La vibración más alta del éxito." — EH

1. Apertura

Ninguna estrategia puede sostener una mente que se rechaza a sí misma.

Sin amor propio, todo logro se vuelve frágil; con él, cualquier obstáculo se vuelve combustible.

El amor propio no es vanidad ni indulgencia: es **autoafirmación energética.**

Es el recordatorio de que no viniste a demostrar tu valor, sino a expresarlo.

Cuando dejas de perseguir aprobación y comienzas a actuar desde respeto interno, tu energía cambia;

el mundo responde.

2. Neurociencia del amor propio

El cerebro humano tiene un circuito de *auto-referencia* que se activa cuando reflexionamos sobre nosotros mismos.

Cuando esa reflexión es crítica o negativa, se activa la amígdala y el cuerpo entra en alerta.

Pero cuando practicas la autocompasión, se activan las regiones del sistema de apego —las mismas que se encienden cuando ofrecemos cuidado a otros—,

liberando **oxitocina** y **dopamina**, las moléculas del bienestar y la conexión.

El amor propio, practicado con constancia, cambia literalmente la química de tu cerebro:

reduce el estrés, mejora la toma de decisiones y fortalece la resiliencia.

3. Filosofía Inspired

Amarte es un acto revolucionario en un mundo que se alimenta de inseguridades.

El amor propio es la base de toda abundancia porque define cómo te relacionas con la vida.

Si te hablas con desprecio, rechazas la energía que el universo intenta entregarte;

si te tratas con respeto, te conviertes en canal de expansión.

El amor propio no te vuelve complaciente: te vuelve consciente.

Te enseña a poner límites, a descansar sin culpa, a avanzar sin odio.

Te recuerda que no puedes dar desde el vacío ni crear desde la vergüenza.

Amarte no es egoísmo; es eficiencia energética.

. . .

4. Ejercicio de reprogramación

Ritual del reconocimiento diario (10 minutos):

1 Cada mañana, frente al espejo o en tu libreta, escribe tres frases que comiencen con:

- *"Me respeto porque..."*
- *"Me honro cuando..."*
- *"Me permito sentir..."*

2 Pronúncialas en voz alta.

3 Si surge crítica interna, no luches con ella; respóndele con calma: *"Ya no necesito hablarme así."*

4 Al final del día, registra una acción que haya expresado amor propio: decir "no", descansar, pedir ayuda, celebrar un avance.

Este ejercicio crea evidencia de autoafirmación, y el cerebro aprende a asociar el respeto propio con seguridad y placer.

5. Mantra C33

"Me trato con amor y respeto.

Cuido mi energía como mi mayor riqueza.

Lo que nace del amor propio se multiplica."

Repite este mantra antes de cualquier desafío o negociación.

El estado emocional que genera cambia tu tono, postura y frecuencia.

6. Cierre filosófico

El amor propio es la raíz de toda coherencia.

Sin él, buscas amor y aprobación; con él, los generas.

Amarte no significa detener el crecimiento, sino permitirte florecer sin miedo.

Recuerda: lo que no te das, no lo recibes; lo que te niegas, no lo compartes.

El amor propio es la energía que vuelve sostenible cualquier éxito.

Y cuando te amas con conciencia, **la abundancia deja de ser meta y se vuelve reflejo.**

15

CÓDIGO 15 — LA LIMPIEZA ENERGÉTICA

“Suelta lo que bloquea tu flujo.” — EH

1. Apertura

Nada nuevo puede entrar en un espacio saturado.

Igual que una habitación llena de objetos, una mente o un entorno cargados de pasado no dejan lugar a la abundancia.

El dinero, las ideas, las relaciones: todo responde a la ley del flujo.

Cuando te apegas a lo viejo —culpa, resentimiento, miedo, posesiones sin propósito—, bloqueas ese movimiento.

Limpiar tu energía no es un acto simbólico; es un gesto de inteligencia.

Significa liberar espacio para que lo nuevo pueda manifestarse.

. . .

2. Psicología y neurociencia de la limpieza

El cerebro humano busca coherencia y seguridad.

Los objetos, recuerdos o vínculos asociados a emociones pasadas mantienen activos circuitos de estrés y nostalgia.

Cada vez que los observas, tu cuerpo revive la química de esas emociones.

Por eso, soltar libera energía literal: disminuye la carga cognitiva y emocional.

Cuando decides limpiar —ordenar, tirar, perdonar—, tu sistema límbico interpreta la acción como cierre de ciclo.

Se reducen los niveles de cortisol, se incrementa la sensación de control y el cerebro recupera espacio de atención.

Liberar no es pérdida, es **optimización energética.**

3. Filosofía Inspired

La energía estancada se disfraza de apego.

Creemos que conservar nos protege, cuando en realidad nos detiene.

Nada en la naturaleza acumula sin renovación: el río fluye, el árbol muda, el cuerpo exhala.

Tú también estás diseñado para soltar.

Cada vez que dejas ir algo que ya no vibra contigo, afirmas abundancia:

le dices al universo *"confío en que habrá más."*

El miedo a soltar es desconfianza en la vida.

La limpieza energética es un acto de fe: creer que lo que se va abre espacio a lo que debe llegar.

4. Ejercicio de reprogramación

Ritual de liberación (una vez por semana):

1 Elige un espacio físico (tu habitación, escritorio, coche). Limpia y ordena solo con intención consciente.

2 Mientras lo haces, repite mentalmente: *"Al soltar esto, libero mi energía."*

3 Después, escribe tres cosas emocionales que deseas dejar atrás.

4 Léelas en voz alta y luego rómpelas o quémalas con cuidado, diciendo: *"Gracias por lo que me enseñaron."*

5 Respira profundo y visualiza luz ocupando el espacio vacío.

Este ritual combina psicología del desapego con condicionamiento positivo; tu sistema nervioso aprende que soltar también puede ser placentero.

5. Mantra C33

"Libero con gratitud todo lo que ya cumplió su propósito.

Mi energía se renueva con cada desapego.

Soltar es mi forma de confiar."

Repite el mantra cada vez que sientas resistencia a cambiar o dejar ir.

6. Cierre filosófico

Nada que te pertenece puede perderse;

solo se aleja lo que ya no es parte de tu frecuencia.

Limpiar no es destruir, es honrar el ciclo.

La abundancia no llega a quien acumula, sino a quien se atreve a renovar.

Porque cada vez que sueltas, el universo entiende que estás listo para **recibir mejor.**

16

CÓDIGO 16 — EL DAR INSPIRADO

“La energía que entregas regresa multiplicada.” — EH

1. Apertura

El miedo a perder es el bloqueo más común de la abundancia.

Nos enseñaron que dar es restar, que quien entrega se queda con menos.

Pero en el campo de la energía, las matemáticas son distintas: **dar es multiplicar.**

El flujo del dinero y del valor se parece al de la respiración:

inhalas para recibir, exhalas para liberar.

Si solo inhalas, te asfixias;

si solo exhalas, te vacías.

El equilibrio entre dar y recibir mantiene viva la corriente.

. . .

2. Neurociencia del acto de dar

El acto de dar activa las zonas del cerebro vinculadas con placer y conexión: el *núcleo accumbens* y la corteza prefrontal medial.

También libera **oxitocina**, la hormona del vínculo y la confianza.

Por eso, los actos de generosidad auténtica aumentan la sensación de bienestar, fortalecen el sistema inmune y reducen el estrés.

Dar no empobrece: **entrena tu cerebro para vivir en abundancia.**

El sistema nervioso interpreta el acto de compartir como prueba de seguridad: "si puedo dar, tengo suficiente".

Esa sensación genera apertura y atrae más oportunidades.

3. Filosofía Inspired

Dar inspirado no es sacrificio; es coherencia.

Es ofrecer desde la plenitud, no desde la necesidad de reconocimiento.

Cuando das desde la culpa o el miedo a perder, tu energía se contrae.

Cuando das con alegría, tu frecuencia se expande.

Dar no siempre es dinero.

A veces es atención, conocimiento, gratitud, tiempo o palabras.

Lo importante no es la cantidad, sino la vibración con la que lo haces.

Cada vez que entregas algo con conciencia, estás diciendo:

"Confío en que el flujo no termina en mí."

Y el universo responde con la misma lógica:

"Entonces, que siga fluyendo."

4. Ejercicio de reprogramación

Ritual del dar consciente (una vez por semana):

1 Elige un acto de dar que puedas realizar sin esfuerzo ni expectativa:

un mensaje de gratitud, una ayuda, una contribución.

2 Antes de hacerlo, di mentalmente:

"Doy con amor, libero con confianza."

3 Observa cómo te sientes después.

4 Registra la sensación de expansión o paz.

Repite este hábito 33 veces en distintos contextos.

Tu mente asociará el dar con bienestar, y tu energía se alineará con el flujo natural de la abundancia.

5. Mantra C33

"Doy sin miedo y recibo sin culpa.

Lo que entrego regresa multiplicado.

Soy canal del flujo infinito de la vida."

Repite el mantra antes de cada acto de entrega, sea material o emocional.

6. Cierre filosófico

Dar no es perder: es participar en el movimiento de la existencia.

Lo que entregas no se va, **cambia de forma y te encuentra en otro punto del ciclo.**

La abundancia no llega al que acumula, sino al que confía en el retorno.

El dar inspirado convierte tu vida en un canal limpio,

donde el dinero, el amor y las oportunidades fluyen en ambas direcciones.

Recuerda:

quien da desde plenitud, nunca se vacía;

se expande.

17

CÓDIGO 17 — EL MOVIMIENTO ENERGÉTICO

“La acción mantiene vivo el flujo.” — EH

1. Apertura

Nada se estanca por falta de recursos, sino por falta de movimiento.

El universo entero está en expansión constante; detenerse demasiado tiempo es ir en contra de su naturaleza.

La energía del dinero, del amor y de las ideas se comporta igual:

fluye con el movimiento, muere en la quietud.

La acción es el lenguaje que el universo entiende.

Mientras dudas, la energía se congela;

cuando te mueves, aunque sea un paso pequeño, **la corriente se activa.**

2. Neurociencia del movimiento

El cuerpo en movimiento estimula la liberación de dopamina y noradrenalina, sustancias que aumentan la motivación, la claridad y la percepción del logro.

Moverte físicamente, aún sin tener todas las respuestas, cambia el estado químico de tu cerebro.

Por eso, las personas que actúan experimentan menos ansiedad: su mente se alinea con el cuerpo, y la energía fluye.

Además, el cerebro premia la acción con sensación de progreso.

Cada pequeño avance activa los circuitos de recompensa, creando un ciclo de impulso positivo.

El estancamiento, en cambio, genera acumulación de energía mental sin salida: exceso de pensamiento, poca ejecución.

Moverte es liberar.

3. Filosofía Inspired

La acción no es el resultado del pensamiento correcto; es parte del pensamiento correcto.

Moverte antes de tener certeza es un acto de fe energética.

No necesitas ver el camino completo; necesitas dar el primer paso con intención pura.

El movimiento crea dirección.

No hay viento favorable para quien no se mueve.

Cada decisión, cada llamada, cada entrenamiento, cada palabra con propósito, es una señal que dice al universo:

"Estoy disponible para avanzar."

Y el universo responde:

"Entonces, avanzamos."

El flujo se mantiene donde hay ritmo, no perfección.

4. Ejercicio de reprogramación

Ritual del paso consciente (5 minutos diarios):

1 Elige una meta o proyecto que hayas postergado.

2 Pregúntate: *¿Cuál es el paso más pequeño que puedo dar hoy?*

3 Escríbelo y ejecútalo sin análisis adicional.

4 Al finalizar, di: *"Movimiento genera milagros."*

5 Registra la sensación física que deja actuar sin demora.

Repite este hábito cada día durante 33 días.

Tu mente asociará movimiento con seguridad y recompensa, no con peligro.

5. Mantra C33

"Me muevo con propósito.

Cada paso activa el flujo.

La acción consciente es mi oración diaria."

Repite este mantra antes de iniciar el día o cada vez que sientas parálisis o exceso de pensamiento.

6. Cierre filosófico

El universo no premia la intención, sino la vibración en movimiento.

La energía estancada se pudre; la energía que fluye se multiplica.

No esperes motivación: créala con acción.

Porque mientras el mundo espera, los que se mueven cambian la historia.

Y recuerda:

no es la velocidad lo que importa, sino la constancia del flujo.

La abundancia no corre, **baila** al ritmo de quienes actúan.

18

CÓDIGO 18 — LA LEY DEL EQUILIBRIO

"Toda energía dada regresa en justa medida." — EH

1. Apertura

El universo no castiga ni premia: **equilibra.**

Cada acción, pensamiento o emoción emite una frecuencia que busca completarse.

Si entregas desde el miedo, recibirás experiencias que reflejen miedo;

si entregas desde la abundancia, el ciclo te devolverá expansión.

La energía no se pierde ni se queda contigo: **se redistribuye.**

Por eso, la vida siempre corrige lo que está en exceso o en carencia,

no para castigarte, sino para recordarte que toda creación necesita equilibrio.

. . .

2. Neurociencia y psicología del equilibrio

Tu cuerpo es el ejemplo más perfecto de esta ley.

Cada sistema —nervioso, hormonal, inmune— trabaja buscando *homeostasis*, equilibrio interno.

Cuando hay exceso de estrés, el cuerpo libera mecanismos de compensación: fatiga, sueño, necesidad de pausa.

Lo mismo ocurre con la mente:

si vives en exceso de dar sin recibir, o de recibir sin dar, se activa una sensación de desequilibrio que el cerebro interpreta como amenaza.

De ahí vienen la ansiedad, la culpa o la sensación de vacío.

El equilibrio no es estático: es movimiento constante entre polaridades.

Aprender a navegarlo sin culpa es madurez energética.

3. Filosofía Inspired

La ley del equilibrio rige todo: relaciones, finanzas, salud, tiempo.

Si rompes el balance en un área, otra intentará compensarlo.

Trabajas sin descanso, el cuerpo pide reposo.

Ignoras tus emociones, la realidad externa las proyecta en forma de conflicto.

Cuando entiendes esta ley, dejas de luchar con la vida y empiezas a **bailar con ella.**

El equilibrio no es rigidez; es armonía.

No es detener el movimiento; es hacerlo sostenible.

Cada vez que das, asegúrate de recibir.

Cada vez que recibes, asegúrate de agradecer y compartir.

Así, la rueda gira sin resistencia.

. . .

4. Ejercicio de reprogramación

Ritual del balance consciente (una vez por semana):

1 Divide una hoja en dos columnas: *doy / recibo.*

2 Escribe qué estás entregando (tiempo, energía, atención) y qué estás recibiendo.

3 Observa desequilibrios evidentes.

4 Pregúntate: *¿Dónde necesito ajustar sin culpa?*

5 Toma una acción concreta: pedir apoyo, descansar, delegar, agradecer, compartir.

Este hábito entrena tu mente para reconocer el flujo sin caer en el extremo del agotamiento o la pasividad.

5. Mantra C33

"Fluyo en equilibrio.
Doy y recibo con la misma gratitud.
El orden universal sostiene mi camino."

Repite este mantra al finalizar el día; restaura tu energía y limpia los excesos de tensión o culpa.

6. Cierre filosófico

La vida no se mide en cuánto tienes, sino en cuán equilibrado estás entre dar, recibir, crear y descansar.

El desequilibrio es una invitación, no un castigo.

Cuando lo atiendes, todo se reordena.

No busques ganar siempre; busca **armonizar**.

Porque quien vive en equilibrio, vive en paz,
y la paz es la forma más estable de abundancia.

19

CÓDIGO 19 — LA ENERGÍA DEL ENTORNO

“Tu espacio vibra contigo o contra ti.” — EH

1. Apertura

Tu entorno no es neutro: **es un amplificador de tu energía.**

Cada espacio, cada rostro, cada sonido emite una frecuencia que influye en tu campo mental y emocional.

Si te rodeas de desorden, de quejas, de personas que vibran en carencia, tu energía se contamina sin que lo notes.

No puedes mantener una mente millonaria en un entorno que vibra en supervivencia.

El cambio energético más rápido no siempre es interno:

a veces empieza **cambiando de lugar, cambiando de compañía o cambiando de ambiente.**

El entorno no solo refleja quién eres, sino también **quién estás dispuesto a ser.**

. . .

2. Psicología y neurociencia del entorno

Tu cerebro responde constantemente a los estímulos ambientales.

Los colores, los olores, la iluminación, incluso el orden físico del espacio, modifican tus niveles de dopamina y serotonina.

El desorden visual produce sobrecarga cognitiva,

el ruido constante activa el sistema límbico (estrés),

y las palabras negativas o entornos hostiles mantienen el cuerpo en alerta química.

Por el contrario, los espacios limpios, la música armónica, los aromas agradables y la naturaleza reducen el cortisol y aumentan la concentración.

Cada entorno es, en realidad, una *programación sensorial.*

3. Filosofía Inspired

La energía del entorno no se cambia quejándote de ella: se **eleva** con tu presencia consciente.

Eres un emisor constante; tu vibración puede transformar una habitación o contaminarla.

Por eso, rodéate de símbolos que te recuerden quién eres, no de distracciones que te hagan olvidar tu propósito.

Cambia el ruido por silencio.

Cambia el caos por orden.

Cambia la queja por creación.

Tu entorno físico es el espejo tridimensional de tu energía interna.

Cuando lo elevas, el universo lo nota.

4. Ejercicio de reprogramación

Ritual de armonización del entorno (1 hora semanal):

1 Elige un espacio que uses todos los días (habitación, oficina, auto).

2 Elimina lo que ya no aporta energía positiva.

3 Limpia el espacio con intención, no con prisa.

4 Coloca tres elementos que te inspiren: una frase, una planta, una imagen de tu visión.

5 Antes de terminar, di mentalmente:

"Este espacio refleja mi expansión y multiplica mi energía."

La repetición crea una asociación: cada vez que entres ahí, tu mente sabrá que está en terreno de crecimiento.

5. Mantra C33

"Mi entorno vibra en orden y propósito.

Lo que me rodea amplifica mi grandeza.

Soy guardián de la energía que habita mis espacios."

Repite este mantra mientras limpias o trabajas; impregnará tu entorno con tu frecuencia consciente.

6. Cierre filosófico

El entorno correcto no se busca, se crea.

Y el entorno creado con propósito se convierte en templo.

Rodéate de belleza, orden y propósito.

Cada rincón limpio es una afirmación de abundancia;

cada objeto inútil que sueltas, un peso menos en tu energía.

Recuerda: la mente vibra mejor donde el alma respira.

Y donde el alma respira, **el dinero fluye.**

20

CÓDIGO 20 — LA FRECUENCIA DEL DINERO

“El dinero vibra con tu emoción dominante.” — EH

1. Apertura

El dinero no tiene moral.

No es bueno ni malo; solo **obedece frecuencias.**

Aparece donde hay expansión, se aleja donde hay miedo.

Si lo miras con culpa, se esconde;
si lo miras con gratitud, se acerca.

El dinero es un espejo emocional: refleja exactamente lo que sientes hacia él.

Por eso, el trabajo no consiste en perseguirlo, sino en **alinearte con su frecuencia.**

Y esa frecuencia se llama **claridad emocional.**

2. Neurociencia y psicología del dinero

El dinero activa en el cerebro los mismos centros que el placer, la recompensa y el riesgo: el *núcleo accumbens* y la amígdala.

Por eso, las emociones ligadas al dinero (culpa, ansiedad, miedo a perder) determinan tu comportamiento financiero más que tu lógica.

El cerebro busca coherencia: si asocias dinero con estrés, inconscientemente evitarás tenerlo demasiado tiempo.

Pero si lo asocias con libertad y propósito, el sistema dopaminérgico interpreta su presencia como estímulo positivo, reforzando hábitos de expansión.

Tu biología no obedece tus deseos, obedece tus emociones.

Cambiar la relación emocional con el dinero es reprogramar la forma en que tu cuerpo lo percibe.

3. Filosofía Inspired

El dinero es energía en tránsito.

Se mueve hacia donde hay propósito, no hacia donde hay miedo.

Cuando lo amas sin depender de él, se queda;

cuando lo temes o lo idealizas, se aleja.

Trátalo como tratarías a un aliado: con respeto, atención y libertad.

No te obsesiones con retenerlo, sino con hacerlo circular con inteligencia.

El dinero ama el orden, la gratitud y la expansión;

huye de la culpa, el juicio y la confusión.

Recuerda: **el dinero no te cambia, te amplifica.**

Si vibra en manos de una mente limpia, se convierte en multiplicador de propósito.

. . .

4. Ejercicio de reprogramación

Ritual de sintonía financiera (10 minutos):

1 Toma un billete o visualiza una cantidad específica.

2 Obsérvalo sin juicio.

3 Pregúntate: *¿Qué siento al verlo o imaginarlo?*

Si surge culpa, miedo o ansiedad, respira y reemplázalo por gratitud.

4 Di mentalmente: *"El dinero me reconoce como un canal limpio de abundancia."*

5 Cierra los ojos y siente cómo la emoción se eleva de resistencia a gratitud.

Repite este ejercicio 33 veces.

Tu subconsciente asociará el dinero con calma, respeto y amor, y tu frecuencia se elevará a la de la prosperidad natural.

5. Mantra C33

"Honro la energía del dinero.
Lo recibo sin miedo, lo uso con sabiduría.
Mi emoción vibrante atrae prosperidad constante."

Repite este mantra al pagar, cobrar o invertir.

Convertirás cada intercambio en un acto de expansión.

6. Cierre filosófico

El dinero no es fin ni enemigo; es espejo.

Refleja tu relación con la vida: si sientes escasez, muestra límites; si sientes gratitud, muestra abundancia.

Cuando entiendes su frecuencia, dejas de perseguirlo y comienzas a **bailar con él.**

Porque el dinero, al igual que la energía, sigue el ritmo de quien vibra en certeza, no de quien vibra en miedo.

El dinero no se busca. Se sintoniza.

21

CÓDIGO 21 — LA LEY DEL RITMO

"Todo en la vida tiene su compás energético." — EH

1. Apertura

Nada es estático.

La marea sube y baja, el corazón late y descansa, el día nace y muere.

La naturaleza entera se mueve al compás del **ritmo universal.**

Del mismo modo, tu energía —y tu prosperidad— atraviesan ciclos.

Hay etapas de expansión donde todo fluye con velocidad,

y momentos de pausa donde parece que nada avanza.

Quien no entiende esta ley se desespera durante la calma y se desgasta durante la acción.

Pero el sabio, el que vibra en conciencia, **baila con el ritmo** en lugar de resistirlo.

. . .

2. Neurociencia y biología del ritmo

Tu cuerpo obedece sus propios compases naturales.

El ritmo cardíaco, el sueño, la digestión y la energía diaria se regulan por los llamados **ritmos circadianos** y **ultradianos.**

Cuando ignoras esos ciclos (sin descanso, sin pausas, sin silencio), tu sistema nervioso se satura y el rendimiento cae.

Del mismo modo, los proyectos, los negocios y las relaciones siguen ritmos.

El cerebro necesita fases de estímulo (acción) y de integración (reflexión).

Si siempre estás haciendo, sin integrar, pierdes perspectiva.

Si solo reflexionas, sin actuar, la energía se estanca.

Respetar el ritmo es **alinearte con la inteligencia del universo.**

3. Filosofía Inspired

La ley del ritmo no busca castigarte: busca recordarte el equilibrio.

Cuando la vida parece detenerse, en realidad **se está reajustando.**

Cuando las oportunidades bajan, el universo te da espacio para prepararte para la siguiente ola.

No temas a la pausa: en ella se gesta tu próxima expansión.

No temas al movimiento: en él se manifiesta lo que ya sembraste.

El éxito no consiste en estar siempre arriba, sino en **mantener conciencia en ambos extremos del ciclo.**

Eso es lo que diferencia a quien sobrevive del que trasciende.

. . .

4. Ejercicio de reprogramación

Ritual del pulso consciente (10 minutos):

1 Siéntate en silencio y lleva tus manos al corazón.

2 Siente su ritmo. Observa cómo late sin esfuerzo.

3 Inhala contando cuatro tiempos, exhala contando cuatro tiempos.

4 Visualiza tu vida fluyendo al mismo compás.

5 Repite mentalmente: *"Me muevo con el ritmo de la vida; nada me falta, nada me sobra."*

Hazlo antes de dormir o cuando sientas prisa o ansiedad.

Este ejercicio sincroniza tu sistema nervioso con la calma y te enseña a confiar en el flujo natural de los ciclos.

5. Mantra C33

"Fluyo con el ritmo del universo.
Acepto mis ciclos con gratitud.
Cada pausa prepara mi siguiente expansión."

Repite este mantra en momentos de incertidumbre o transición.

La frecuencia de aceptación reabre el flujo donde antes había resistencia.

6. Cierre filosófico

La abundancia no es una línea ascendente, es una danza.

A veces el paso es hacia adelante, a veces hacia atrás, pero siempre en movimiento.

El miedo al ritmo te hace perder compás;

la confianza en el ritmo te convierte en música viva.

No apresures el ciclo ni te aferres a él.

Cuando aprendes a bailar con la vida, cada subida es celebración y cada bajada, maestría.

Porque el universo no se detiene,

solo cambia el ritmo de la canción.

22

CÓDIGO 22 — LA RESONANCIA

“Tu vibración atrae a su igual.” — EH

1. **Apertura**

Nada llega por casualidad.

Todo lo que entra en tu vida —personas, oportunidades, situaciones— es una respuesta a tu frecuencia.

La energía similar se reconoce, se busca, se atrae.

No atraes lo que deseas: atraes lo que **eres.**

Tu vibración es una señal que envías al universo, y el universo responde con coincidencias que resuenan con tu estado emocional y mental.

Por eso, cuando cambias tu frecuencia, cambias tu realidad sin necesidad de esfuerzo forzado.

2. Neurociencia y física de la resonancia

La física cuántica ha demostrado que las partículas

tienden a sincronizar su frecuencia con otras cercanas: se llama **entrelazamiento** o **coherencia cuántica**.

El cerebro y el corazón funcionan igual: ambos emiten campos electromagnéticos que afectan tu entorno.

El corazón, en particular, tiene un campo magnético que puede medirse hasta tres metros fuera del cuerpo.

Cuando tus pensamientos (eléctricos) y tus emociones (magnéticas) están alineados, generas un patrón coherente que literalmente **ordena tu entorno.**

Desde la neurociencia, la resonancia ocurre también en el fenómeno llamado *neuronas espejo*: tus emociones contagian las de quienes te rodean.

Así que no solo atraes vibracionalmente: **influyes biológicamente.**

3. Filosofía Inspired

La resonancia es la ley del reflejo en acción.

Si vibras en carencia, el mundo te mostrará pruebas de carencia.

Si vibras en abundancia, todo empezará a confirmártelo.

El trabajo no está afuera: está en la frecuencia que eliges sostener cada día.

No necesitas convencer al universo de darte más;

necesitas **convertirte en la frecuencia que ya lo contiene.**

Piensa, siente y actúa como la versión de ti que ya vive en expansión.

La resonancia hará el resto.

Tu vibración es tu currículum invisible.

Habla por ti antes que tus palabras.

. . .

4. Ejercicio de reprogramación

Ritual de alineación vibratoria (10 minutos):

1 Cierra los ojos y visualiza la versión más alta de ti: abundante, libre, segura.

2 Siente su emoción —la gratitud, la calma, la confianza — hasta que tu cuerpo la reconozca.

3 Abre los ojos y lleva esa emoción contigo durante el día.

4 Si algo te desestabiliza, detente y recuerda: *"Nada externo puede alterar mi frecuencia interna."*

Hazlo cada mañana.

Tu sistema nervioso empezará a reconocer esa emoción como su nueva base,

y el entorno se ajustará a ella de manera natural.

5. Mantra C33

"Vibro en abundancia.

Todo lo que soy atrae su reflejo.

Mi frecuencia es mi realidad."

Repite el mantra al despertar o antes de iniciar proyectos importantes.

Enfoca tu emoción antes de pedir resultados: el universo responde a energía, no a argumentos.

6. Cierre filosófico

La resonancia es la frontera entre intención y manifestación.

Cuando dejas de luchar por atraer y comienzas a **convertirte**, el universo se sincroniza contigo sin resistencia.

Nada fuera cambia hasta que algo dentro vibra distinto.

Por eso, este código no se aplica, se **encarna.**

Vibrar alto no es estar feliz todo el tiempo; es sostener tu paz incluso cuando el mundo se mueve.

Y cuando logras eso, hermano, no necesitas buscar nada más:

todo lo que te pertenece empieza a encontrarte.

PARTE III

DIMENSIÓN 3 — REALIDAD: LA MANIFESTACIÓN CONSCIENTE

"Pensar es crear; actuar es encarnar." — EH

1. Apertura

El universo responde al pensamiento, pero **se materializa con acción.**

No basta con visualizar ni con vibrar alto si no estás dispuesto a moverte en coherencia.

La materia obedece al alma en movimiento.

Has limpiado tu mente (Dimensión 1).

Has encendido tu campo energético (Dimensión 2).

Ahora, vas a **estructurar tu mundo físico** para que refleje tu nueva programación interna.

El propósito de esta dimensión no es trabajar más, sino trabajar **alineado.**

Cada acción desde la conciencia vale por mil acciones desde la confusión.

. . .

2. Perspectiva científica

La neurociencia ha demostrado que **la acción repetida consolida redes neuronales;**

la psicología del comportamiento explica que la *identidad* se refuerza con cada microdecisión coherente.

Cada vez que actúas de acuerdo con tu nueva programación, el cerebro registra evidencia de que esa versión de ti es real.

El éxito no es un salto; es una **acumulación de coherencias.**

Y esa coherencia convierte las creencias en resultados observables.

3. Filosofía Inspired

Manifestar no es forzar que algo suceda: es **alinear causa y efecto.**

No se trata de perseguir la vida, sino de construirla con conciencia.

La realidad no se conquista: **se diseña.**

En esta dimensión, cada código será una herramienta práctica y espiritual para crear:

- Hábitos coherentes con tu nueva frecuencia.
- Estructuras que mantengan el flujo (sistemas, organización, acción enfocada).
- Manifestaciones conscientes en dinero, propósito, relaciones y legado.

Porque el alma inspirada no solo sueña: **produce evidencia.**

. . .

4. Ritual de entrada

Antes de iniciar esta dimensión, haz el siguiente ritual:
1 Respira profundo tres veces.
2 Visualiza tus manos.
3 Dite mentalmente:
"Estas manos construyen mi destino.
Mi energía se vuelve acción.
Mis ideas toman forma."

4 Abre los ojos con la intención de **ver la energía hecha materia.**

5. Mantra de apertura de Dimensión 3

"Mis pensamientos son planos.
Mis acciones, los ladrillos.
Yo soy el arquitecto consciente de mi realidad."

6. Cierre de introducción

A partir de aquí, hermano, **cada palabra será una herramienta de construcción.**

Ya no hablamos solo de mente o energía, sino de resultados medibles.

Este es el terreno donde el creador se convierte en maestro del mundo visible.

Aquí la fe se vuelve estrategia,
y la intención, estructura.

Bienvenido a la tercera y última dimensión del Método C33:
REALIDAD — La Manifestación Consciente.

23

CÓDIGO 23 — LA ACCIÓN COHERENTE

“Haz que tu realidad te obedezca.” — EH

1. Apertura

El pensamiento crea la visión, la emoción le da poder,

pero solo la **acción coherente** la vuelve real.

Cada vez que actúas en dirección a tu propósito, estás enviando al universo una señal inequívoca:

“Esto es verdad para mí.”

El universo no entiende deseos, entiende decisiones.

Y la acción coherente es la forma en que le demuestras que tu fe tiene cuerpo.

No hay manifestación sin movimiento;

no hay magia sin estructura.

La coherencia entre lo que piensas, sientes y haces es la ecuación más poderosa del éxito.

. . .

2. Neurociencia de la coherencia

El cerebro humano busca consistencia interna.

Cuando tus acciones contradicen tus pensamientos o tus valores, se activa la *disonancia cognitiva* —una tensión que genera ansiedad, culpa y parálisis.

Pero cuando piensas, sientes y actúas en una misma dirección, tu sistema nervioso se alinea:

- El **córtex prefrontal** (decisión) y el **sistema límbico** (emoción) trabajan en armonía.
- Se libera dopamina, el neurotransmisor del progreso.
- La mente entra en **flujo**, un estado donde el tiempo se disuelve y la acción se vuelve natural.

En ese estado, tus acciones dejan de sentirse forzadas:
se convierten en **expresión automática de tu identidad**.

3. Filosofía Inspired

La acción coherente no siempre es grande, pero siempre es precisa.

A veces es una llamada, una palabra, un "no" necesario, un paso al frente.

No mide impacto inmediato, mide vibración.

La coherencia es la forma más alta de respeto hacia ti mismo.

Cuando cumples tus promesas internas, generas poder real.

Y el poder no es dominar: es **mantenerte fiel a tu verdad** aun cuando nadie te ve.

El universo no responde a lo que dices querer,
responde a lo que **demuestras creer** con tus actos.

4. Ejercicio de reprogramación

Ritual de coherencia diaria (10 minutos):

1 Al despertar, escribe tres acciones que representen tu visión hoy.

2 Pregúntate: *¿Esta acción refleja mi versión más alta o mi versión temerosa?*

3 Ejecuta al menos una en las siguientes 12 horas.

4 Al finalizar el día, revisa si tus acciones fueron coherentes con tus pensamientos y emociones.

5 Agradece cada microcoherencia; es un ladrillo más de tu nueva realidad.

Practícalo por 33 días.

Tu mente se acostumbrará a actuar sin postergar ni sabotear.

5. Mantra C33

"Pienso con claridad, actúo con fe.
Mi palabra es ley en mi universo.
Cada acción coherente me acerca a mi destino."

Repite este mantra antes de tomar cualquier decisión importante.

6. Cierre filosófico

El poder no está en las intenciones, está en la ejecución.

Cada acto coherente es una afirmación silenciosa al universo:

"Estoy listo."

La realidad no resiste la coherencia: se inclina ante ella.
Porque la coherencia es el idioma de la verdad,
y la verdad es la frecuencia más alta de creación.
No esperes que tu realidad cambie;
haz que **te obedezca.**

24

CÓDIGO 24 — EL ORDEN MATERIAL

"Tu entorno físico refleja tu nivel de conciencia." — EH

1. Apertura

El desorden no es casual: es un espejo.

Cada papel fuera de lugar, cada deuda sin atender, cada rincón olvidado representa una frecuencia mental sin resolver.

La mente desordenada proyecta caos; la mente en orden manifiesta dirección.

El orden material no es estética: es **gestión energética.**

Cuando todo tiene su lugar, la energía fluye sin resistencia.

El dinero ama el orden, porque el orden transmite claridad, propósito y respeto.

La abundancia no llega a premiarte; llega a **organizarse contigo.**

. . .

2. Psicología y neurociencia del orden

Tu cerebro busca patrones y previsibilidad.

El entorno desordenado aumenta la *carga cognitiva*, forzando al cerebro a procesar estímulos innecesarios.

Eso agota la atención, eleva el cortisol y reduce la creatividad.

Un espacio ordenado, en cambio, libera recursos mentales, mejora la concentración y estimula el sistema dopaminérgico,

porque el cerebro interpreta el orden como señal de control y seguridad.

El orden físico refuerza el orden emocional.

Y una mente ordenada toma mejores decisiones financieras y personales.

3. Filosofía Inspired

El orden no es rigidez, es respeto hacia tu energía.

Cada objeto fuera de lugar drena un poco de atención;

cada cuenta pendiente absorbe una parte de tu foco creativo.

Ordenar es un acto espiritual porque pone el mundo visible al servicio del invisible.

Cuando limpias tu casa, limpias tu campo.

Cuando organizas tus finanzas, abres el flujo del merecimiento.

El orden material es oración en movimiento:

es decirle al universo, *"estoy listo para recibir con responsabilidad."*

4. Ejercicio de reprogramación

Ritual del orden consciente (una vez por semana):

1 Elige un área material: tu espacio, tus finanzas, tus documentos.

2 Dedícale tiempo real, sin distracciones.

3 Mientras ordenas, di mentalmente: *"Estoy creando estructura para la abundancia."*

4 Elimina lo que ya no sirve, categoriza lo que queda, guarda lo importante con propósito.

5 Al terminar, observa cómo cambia tu estado emocional.

Repite este ritual hasta que el orden externo se sienta tan natural como respirar.

5. Mantra C33

"Mi entorno refleja mi claridad.

El orden me da poder.

Soy administrador consciente de mi realidad."

Repite este mantra mientras limpias, trabajas o revisas tus finanzas.

Convertirás tareas cotidianas en actos de manifestación.

6. Cierre filosófico

El universo no deposita riqueza donde reina el caos.

El orden material demuestra que puedes sostener lo que deseas.

No se trata de obsesión, sino de armonía:

que cada cosa, pensamiento y decisión esté donde pertenece.

El orden no limita: **libera.**

Porque cuando todo está en su sitio, la energía encuentra su camino,

y la abundancia encuentra su hogar.

25

CÓDIGO 25 — LA DISCIPLINA INSPIRADA

"El hábito convierte la intención en destino." — EH

1. Apertura

La mayoría quiere resultados, pero pocos quieren repetición.

La mente humana busca placer inmediato, y por eso, sin disciplina, todo propósito se diluye.

La disciplina no es castigo, es **amor en acción.**

Es elegir tu propósito incluso cuando tu emoción cambia.

La inspiración te enciende,
la disciplina te sostiene.
Juntas crean imperio.

2. Neurociencia del hábito

El cerebro funciona por **automatismos.**

Cada acción repetida refuerza un circuito neuronal;

cada interrupción lo debilita.

Cuando una conducta se vuelve hábito, deja de requerir fuerza de voluntad:

el **sistema basal ganglia** toma el control y convierte lo difícil en natural.

Por eso, la disciplina inteligente no busca intensidad, busca **consistencia.**

El hábito bien diseñado ahorra energía mental y mantiene la dirección sin esfuerzo consciente.

La dopamina no se libera solo con recompensa, sino con **progreso medible.**

Por eso, celebrar cada avance refuerza el circuito y hace la disciplina placentera.

3. Filosofía Inspired

La disciplina no es rigidez, es ritual.

Cada hábito coherente es una declaración al universo:

"Soy quien cumple lo que dice."

Y el universo confía en quien demuestra consistencia.

La fe sin acción es deseo;

la acción sin fe es cansancio;

la acción disciplinada con propósito es poder.

La disciplina inspirada no nace de obligación, sino de visión.

No es despertarte a las 5 am para sufrir;

es levantarte porque estás creando algo eterno.

Cuando tu disciplina está conectada con tu porqué,

el sacrificio desaparece y aparece el orgullo.

4. Ejercicio de reprogramación

Ritual de disciplina inspirada (15 minutos diarios):

1 Define un hábito que te acerque a tu visión (leer, entrenar, escribir, crear).

2 Escríbelo como mandato sagrado:

"Cada día, sin excusas, activo mi grandeza con este acto."

3 Coloca una señal visible (alarma, frase, símbolo).

4 Ejecútalo siempre a la misma hora.

5 Registra cada día cumplido con una marca o símbolo.

El cerebro ama la evidencia; cada marca es una dosis de dopamina y una prueba de identidad.

En 33 días, el hábito se volverá automático.

5. Mantra C33

"Mi constancia es mi superpoder.

Hago hoy lo que otros postergan.

Mi disciplina transforma mi destino."

Repite el mantra al iniciar el día o cuando la mente busque excusas.

6. Cierre filosófico

El éxito no es cuestión de suerte,

es cuestión de ritmo.

Cada día disciplinado es un ladrillo invisible en la construcción de tu legado.

No busques motivación:

constrúyela con acción repetida.

Porque el universo no recompensa a quien lo intenta,

sino a quien **permanece.**

Y cuando la disciplina se vuelve placer,

la grandeza se vuelve inevitable.

26

CÓDIGO 26 — EL ENFOQUE TOTAL

“La energía sigue a la atención.” — EH

1. Apertura

Donde pones tu atención, pones tu poder.

Cada pensamiento sostenido alimenta una realidad en construcción.

La dispersión es el impuesto que pagas por no tener dirección;

el enfoque, en cambio, **es el acelerador de todo resultado.**

El éxito no requiere mil caminos, sino una visión sostenida con fuerza.

No es hacer más, es hacer **lo que importa**, hasta que la realidad se rinda ante tu claridad.

2. Neurociencia de la atención

Tu cerebro filtra millones de estímulos por segundo,

pero solo procesa lo que considera relevante según tu enfoque.

Este sistema se llama **RAS** (Reticular Activating System),

una red neuronal que determina qué información entra a tu conciencia.

Si enfocas tu mente en carencia, el RAS te mostrará problemas;

si la enfocas en oportunidades, te revelará caminos.

La atención no describe el mundo: **lo selecciona.**

Y lo que eliges mirar se multiplica, porque el cerebro refuerza los patrones que repites.

El enfoque, por tanto, **es programación biológica de abundancia.**

3. Filosofía Inspired

Tu atención es la moneda más valiosa del universo.

Quien la domina, domina su destino.

Quien la desperdicia, alimenta los sueños de otros.

El enfoque total no es ceguera: es maestría.

Es mirar con tanta claridad que el ruido se vuelve silencio y el propósito se vuelve música.

Todo maestro espiritual, todo atleta, todo creador, comparte el mismo secreto:

su atención es un arma sagrada.

Aprende a protegerla como protegerías tu respiración.

4. Ejercicio de reprogramación

Ritual del enfoque consciente (dos veces al día):

1 Al despertar, define tu *una cosa*:

aquello que, si lo haces hoy, moverá todo lo demás.

2 Escríbelo y di mentalmente: *"Mi energía sigue mi atención. Nada me distrae."*

3 Elimina distracciones: apaga notificaciones, limpia tu espacio, respira tres veces.

4 Trabaja en ciclos de 33 minutos enfocados y 7 minutos de pausa consciente.

Este método alinea la mente y el cuerpo con el flujo productivo óptimo.

5. Mantra C33

"Mi atención es poder.

Donde miro, florece.

Nada ni nadie desvía mi propósito."

Repite el mantra antes de iniciar proyectos o conversaciones importantes.

6. Cierre filosófico

La abundancia no se pierde por falta de talento, sino por falta de enfoque.

Cada distracción es una fuga de energía;

cada minuto consciente, una inversión en tu destino.

El enfoque total no exige fuerza, exige fe:

fe en que lo que eliges mirar es suficiente para construirlo todo.

Recuerda:

quien domina su atención, gobierna su universo.

27

CÓDIGO 27 — LA PERSISTENCIA ELEVADA

"Nada puede resistirse a quien no se rinde." — EH

1. Apertura

El universo prueba la fe a través del tiempo.

Lo que parece demora, muchas veces es calibración.

Mientras otros se cansan, tú afinas tu frecuencia.

La persistencia no es repetir sin sentido, es mantenerte conectado con tu propósito hasta que el mundo tenga que adaptarse a ti.

Cada día que resistes el impulso de abandonar, le demuestras al universo que ya eres digno del resultado.

No se trata de suerte, sino de **resistencia espiritual.**

2. Neurociencia de la persistencia

El cerebro recompensa la perseverancia.

Cuando insistes a pesar del cansancio, el **córtex**

prefrontal activa el sistema dopaminérgico que asocia esfuerzo con logro.

Con el tiempo, la dopamina deja de depender del resultado y se une al proceso:

persistir empieza a sentirse bien.

Esa es la clave:

transformar la constancia en placer neuroquímico.

Así, lo que antes requería fuerza de voluntad, se convierte en impulso natural.

Cada vez que cruzas la línea del "ya no puedo", tu sistema nervioso se expande.

Tu cuerpo aprende que puede sostener más luz, más presión, más propósito.

3. Filosofía Inspired

La persistencia elevada no es terca, es sabia.

No lucha contra el flujo: lo **atraviesa** hasta dominarlo.

El mediocre abandona porque no ve resultados;

el maestro continúa porque **sabe que ya están sucediendo, aunque aún no se vean.**

Persistir no es repetir ciegamente,

es mantener la visión encendida en medio del fuego,

sabiendo que cada desafío pule tu carácter hasta convertirte en leyenda.

Los resultados no siempre llegan cuando tú quieres,

sino cuando tú **ya estás listo para sostenerlos.**

4. Ejercicio de reprogramación

Ritual del minuto más (diario):

1 Cada vez que sientas rendirte, di: *"Un minuto más."*

2 Hazlo literal: un minuto más de esfuerzo, un minuto más de enfoque, un minuto más de fe.

3 Respira, siente el cuerpo, y repite: *"No me detengo en el umbral."*

Este microhábito entrena al cerebro para romper la asociación entre cansancio y abandono.

Con el tiempo, persistir se vuelve identidad.

5. Mantra C33

"Nada me detiene.
Mi visión es más fuerte que mi cansancio.
Cada día sostengo mi destino con fe y fuego."
Repite el mantra cuando sientas resistencia o duda; convertirá la fatiga en impulso.

6. Cierre filosófico

La vida no se rinde ante la inteligencia, sino ante la **voluntad inquebrantable.**

El universo no premia al que empieza, sino al que **permanece.**

Cada caída, cada espera, cada obstáculo, es una prueba de coherencia.

El que persiste sin rendirse no está esperando milagros:
se convierte en el milagro.
Porque nada, absolutamente nada,
puede resistirse a quien no se detiene.

28

CÓDIGO 28 — LA VISUALIZACIÓN CREATIVA

“Verlo con emoción es el primer acto de creación.” — EH

1. Apertura

Nada existe sin haber sido imaginado primero.

Todo lo que hoy tocas —una casa, una canción, una empresa, una vida— fue antes una imagen sostenida en la mente de alguien.

El error no está en soñar, sino en **no sentir** lo que se sueña.

La mente crea imágenes;

el corazón les da energía;

y la unión de ambas produce **manifestación.**

Visualizar no es fantasía,

es recordar anticipadamente lo que ya te pertenece en otra línea del tiempo.

. . .

2. Neurociencia de la visualización

El cerebro no distingue entre una experiencia real y una intensamente imaginada.

Los mismos circuitos neuronales se activan cuando **visualizas** un resultado que cuando lo **vives.**

Por eso, los atletas olímpicos entrenan visualizando: el cuerpo aprende antes de hacerlo.

Cuando imaginas con detalle, emoción y constancia, creas una *huella neuronal* que guía tu comportamiento sin esfuerzo consciente.

Tu sistema nervioso empieza a actuar como si el resultado fuera inevitable.

Además, la visualización reduce el estrés y mejora el rendimiento cognitivo.

No estás soñando: estás **ensayando el éxito.**

3. Filosofía Inspired

Todo lo visible es consecuencia de lo invisible.

Primero se ve con el alma, después con los ojos.

La visualización creativa no es pedir; es **recordar.**

Recordar la versión de ti que ya triunfó, que ya se sanó, que ya construyó su legado.

Y cuando te conectas con esa emoción, atraes su frecuencia a tu presente.

El universo no responde a tus palabras,

responde a la **película emocional** que proyectas día a día.

Visualiza con gratitud, no con necesidad.

La necesidad vibra en carencia;

la gratitud vibra en certeza.

. . .

4. Ejercicio de reprogramación

Ritual de visualización cuántica (dos veces al día):

1 Siéntate en silencio, cierra los ojos y respira tres veces.

2 Visualiza con detalle una escena: tu meta cumplida, tu cuenta llena, tu libertad material y emocional.

3 Observa colores, sonidos, personas, sensaciones.

4 Siente la emoción como si ya estuviera ocurriendo.

5 Quédate ahí al menos 3 minutos, luego abre los ojos y di:

"Esto ya existe. Solo camino hacia ello."

Repite durante 33 días.

El cuerpo memorizará la emoción del logro y se volverá su estado natural.

5. Mantra C33

"Veo con claridad.
Siento con certeza.
Mi visión crea mi destino."

Repite el mantra antes de dormir o al despertar,
cuando el cerebro está en ondas alfa y la mente es más maleable.

6. Cierre filosófico

Visualizar no es escapar del presente,
es **moldear el futuro desde la conciencia.**

Las imágenes que sostienes con emoción son semillas en el campo cuántico.

Cada repetición las riega,
cada acción coherente las hace florecer.

El mundo visible pertenece a quienes aprendieron a ver con los ojos cerrados.

Porque quien domina su visión interior,
ya no persigue sueños:
los convoca.

29

CÓDIGO 29 — LA FE ACTIVA

"Creer es actuar sin evidencia." — EH

1. Apertura

La fe no es esperanza, es convicción.

No espera señales, las provoca.

No duda del resultado, lo encarna.

El que tiene fe activa no reacciona al mundo, **lo reconfigura.**

Porque la fe verdadera no vive en la mente: vive en la acción.

Y cuando actúas sin evidencia, la creación responde con milagros.

El universo no te pide pruebas, te pide movimiento.

Cada paso que das sin garantías abre puertas que antes ni existían.

2. Neurociencia de la fe

Desde la neurobiología, creer altera literalmente tu fisiología.

La fe sostenida activa el **córtex prefrontal ventromedial**, responsable de la confianza y el control emocional.

Este estado inhibe la amígdala (miedo) y libera dopamina, la química del avance.

La fe activa cambia el cuerpo:

reduce la percepción del dolor, mejora la inmunidad y amplifica la motivación.

Tu biología empieza a alinearse con la emoción de posibilidad.

Creer, entonces, **no es mental**, es **neurológico.**

Tu cuerpo entero se convierte en testigo de la certeza.

3. Filosofía Inspired

La fe no es decir "todo saldrá bien";

es moverte aunque el camino aún no se vea.

Es mirar al vacío y saber que el suelo aparecerá debajo de tus pies.

La fe activa es la energía de los creadores, los visionarios, los imposibles.

Es actuar como si ya fueras el ser que deseas ser.

Y cuando lo haces, el universo no tiene opción: **te iguala.**

La duda paraliza; la fe mueve montañas.

Pero no porque cambie la realidad,

sino porque **te cambia a ti** —y tú eres la realidad.

4. Ejercicio de reprogramación

Ritual de la acción sin evidencia (diario):

1 Piensa en algo que deseas profundamente pero que aún no se ha manifestado.

2 Pregúntate: *¿Qué haría hoy si ya fuera real?*

3 Haz eso, aunque parezca simbólico: compra el dominio, escribe el correo, entrena como si ya tuvieras la oportunidad.

4 Al hacerlo, di mentalmente: *"Mi fe precede a la evidencia."*

Este hábito crea una conexión directa entre creencia y comportamiento,

hasta que la acción se vuelve tu nuevo estado natural de certeza.

5. Mantra C33

"Actúo con fe, no con duda.

Camino sin ver, pero sabiendo.

Mi convicción moldea el mundo."

Repite este mantra antes de iniciar algo que te desafíe o te asuste.

6. Cierre filosófico

La fe no cambia las circunstancias: **te cambia a ti**,

y tú cambias las circunstancias.

El que actúa con fe no necesita pruebas porque ya vive en la frecuencia del resultado.

Y cuando vibras ahí, el universo simplemente **responde en espejo.**

La fe pasiva espera milagros;

la fe activa **los fabrica.**

Porque cuando caminas sin evidencia,

el universo se ve obligado a construir el suelo que sostendrá tus pasos.

30

CÓDIGO 30 — LA SINCRONÍA DIVINA

"El tiempo perfecto existe, y tú ya estás dentro de él." — EH

1. Apertura

La mayoría vive corriendo detrás del reloj, creyendo que la vida ocurre "demasiado tarde" o "demasiado pronto".

Pero el universo no usa relojes, usa **frecuencias.**

Cada deseo, cada propósito, cada persona tiene su propio compás cósmico.

No llega cuando tú lo exiges, sino cuando **vibras en sintonía con su ritmo.**

Por eso, lo que parece demora no es castigo: es calibración.

Cuando estás preparado emocional y energéticamente,

la sincronía ocurre: llamadas inesperadas, encuentros perfectos, oportunidades que parecen milagros.

No son milagros: son matemáticas sagradas.

. . .

2. Neurociencia y física del tiempo

La percepción del tiempo es una función del **córtex prefrontal** y del **hipocampo.**

Cuando estás en calma y presencia, el cerebro libera dopamina y oxitocina,

las cuales expanden tu sensación temporal y te hacen fluir en el momento presente.

Ese estado de flujo —presencia sin ansiedad— es literalmente el punto donde más productividad, creatividad y coherencia se alcanzan.

Es ahí donde las sincronías aparecen, porque estás en la frecuencia del **ahora absoluto.**

Cuanto más anclado estás al presente,

menos resistencia ofreces al proceso del universo.

3. Filosofía Inspired

La sincronía divina no se busca: **se permite.**

No es pasividad, es alineación.

Cuando haces tu parte con amor y confías en el proceso, el universo hace la suya con precisión.

La ansiedad es la frecuencia de quien no confía;

la calma es la frecuencia del creador.

Todo lo que es para ti tiene tu nombre grabado en su energía.

No puede perderse, no puede pasar de largo.

Solo espera a que te conviertas en la vibración que lo puede sostener.

Así que suelta la prisa:

el tiempo correcto ya está ocurriendo ahora mismo,

solo que tu mente aún no lo ha alcanzado.

. . .

4. Ejercicio de reprogramación

Ritual de sincronía (10 minutos diarios):

1 Cierra los ojos y lleva la atención al corazón.

2 Respira profundo y repite: *"Estoy exactamente donde debo estar."*

3 Visualiza tu línea del tiempo como una corriente de luz que fluye sin esfuerzo.

4 Observa cómo todos los eventos se reacomodan para tu bien mayor.

5 Abre los ojos y actúa con la certeza de que **ya estás en el tiempo perfecto.**

Hazlo cada mañana.

Tu sistema nervioso aprenderá a operar desde calma activa,

y comenzarás a notar sincronías con más frecuencia.

5. Mantra C33

"Confío en mi tiempo divino.

Nada me falta, nada me sobra.

Todo llega cuando mi energía está lista."

Repite este mantra antes de dormir o en momentos de impaciencia o incertidumbre.

6. Cierre filosófico

El tiempo no es enemigo, es aliado.

Te entrena, te afina, te prepara.

Nada que sea tuyo te pasará por enfrente sin reconocerte.

Cuando te relajas, el universo acelera.

Cuando te desesperas, el universo se detiene para protegerte de lo que aún no puedes sostener.

Recuerda:
no eres víctima del tiempo, eres su arquitecto.
Y cuando confías en la sincronía divina,
cada día se vuelve una cita perfecta entre tú y tu destino.

31

CÓDIGO 31 — LA LEY DE LA MULTIPLICACIÓN

"Lo que bendices, se expande." — EH

1. Apertura

El universo no responde a la envidia, responde a la bendición.

Cuando miras algo con admiración, tu energía le dice a la creación:

"Eso también es posible para mí."

Pero cuando lo observas con crítica o resentimiento,

bloqueas la frecuencia de recibir lo mismo.

Todo lo que bendices crece.

Bendecir no es religión; es **cooperar con la expansión.**

Es enviar una señal de aprobación energética a la vida.

Y la vida, al sentirse aceptada, **te incluye en su abundancia.**

2. Neurociencia y vibración de la bendición

Cada pensamiento bendecidor genera una respuesta física:

aumenta la oxigenación cerebral, reduce el cortisol y activa ondas cerebrales alfa,

que son las mismas del estado de paz y creatividad.

Cuando bendices —personas, dinero, situaciones—,

tu sistema nervioso entra en coherencia, y tu campo magnético se amplía.

Esa expansión aumenta tu capacidad de percepción y de atracción.

La multiplicación no ocurre solo afuera;

comienza cuando tu biología vibra en apertura y gratitud.

3. Filosofía Inspired

Bendecir es decir "sí" a la existencia.

Es mirar al éxito ajeno sin miedo y reconocerlo como evidencia de lo posible.

Cada vez que celebras la abundancia de otro, tu frecuencia se eleva al rango donde esa abundancia también te reconoce.

No compitas, **sintoniza.**

No envidies, **admira.**

No pidas, **agradece.**

La ley de la multiplicación no distingue entre dinero, amor o ideas.

Todo lo que tocas con amor crece.

Todo lo que juzgas con miedo se marchita.

4. Ejercicio de reprogramación

Ritual de multiplicación consciente (7 minutos diarios):

1 Elige tres cosas que ya tienes y bendícelas en voz alta.

"Bendigo mi cuerpo, mi mente y mi propósito."

2 Luego elige tres cosas que deseas, y bendícelas como si ya fueran tuyas.

"Bendigo mis ventas, mis relaciones y mis oportunidades."

3 Visualiza esas bendiciones expandiéndose como ondas de luz.

Hazlo durante 33 días.

Tu mente aprenderá a asociar la palabra "bendecir" con expansión,

y la abundancia comenzará a multiplicarse naturalmente.

5. Mantra C33

"Bendigo lo que tengo y lo que viene.

Mi gratitud multiplica mis cosechas.

Soy canal vivo de expansión infinita."

Repite este mantra cada vez que veas abundancia, éxito o belleza a tu alrededor.

Hazlo incluso en silencio; la energía entenderá.

6. Cierre filosófico

La vida no te da lo que pides,

te da lo que celebras.

La ley de la multiplicación es simple:

lo que bendices, te bendice;

lo que agradeces, se repite;

lo que compartes, se expande.

Eres jardinero de energía.

Cada palabra, cada emoción, cada pensamiento es una semilla.

Siembra con amor y observa cómo el universo convierte tu fe en cosecha.

Porque la abundancia no se acumula:

se multiplica cuando la compartes.

32

CÓDIGO 32 — EL LEGADO CONSCIENTE

"Crea algo que te sobreviva." — EH

1. Apertura

Tu propósito no termina cuando logras tus metas; empieza cuando **otras personas evolucionan gracias a ellas.**

El legado no es una estatua, es una huella vibracional.

Es la energía que dejas en cada vida que tocas,

la transformación que provocas con tus palabras, tus actos y tu ejemplo.

No estás aquí solo para sobrevivir,

estás aquí para **marcar una era.**

Para que tu paso por la Tierra deje señales de luz que inspiren a los que vienen detrás.

2. Neurociencia del legado

Estudios sobre trascendencia y propósito muestran que el cerebro humano experimenta **picos de dopamina y serotonina**cuando actúa en favor de algo más grande que sí mismo.

Esto se llama *sentido trascendente* —una de las mayores fuentes de longevidad, salud y plenitud.

Cuando tu propósito impacta a otros, tu sistema nervioso se reprograma:

ya no trabajas por miedo ni por ego, sino por expansión.

Ese estado genera resiliencia, claridad y bienestar prolongado.

El cerebro interpreta el legado como inmortalidad simbólica:

una forma de vivir más allá de tus propios límites.

3. Filosofía Inspired

El legado no se deja, **se construye día a día.**

Cada conversación, cada proyecto, cada decisión lleva tu firma energética.

Tu vida es tu mensaje.

No necesitas millones para crear legado;

necesitas **coherencia y propósito.**

Cuando alguien se inspira por lo que eres, no por lo que tienes, ya comenzaste a trascender.

El verdadero éxito no se mide en cuentas bancarias,

sino en **cuántas almas despiertas a su grandeza.**

Deja de buscar reconocimiento y empieza a sembrar significado.

Porque el aplauso muere,

pero la transformación **permanece.**

. . .

4. Ejercicio de reprogramación

Ritual del propósito eterno (una vez por semana):

1 Escribe una carta desde tu yo del futuro, 33 años adelante.

2 Describe el impacto que dejaste:

◦ ¿A quién ayudaste?

◦ ¿Qué cambió en el mundo por tu existencia?

◦ ¿Qué enseñanzas sembraste?

3 Léela en voz alta y repite:

"Mi vida deja huellas de conciencia y amor."

Guárdala.

Cada año, actualízala.

Tu legado se convertirá en una línea de tiempo viva,
y tu cerebro lo registrará como destino inevitable.

5. Mantra C33

"Mi existencia tiene propósito.
Cada acto deja huella.
Lo que creo hoy inspira generaciones."

Repite este mantra al iniciar proyectos o al cerrar ciclos importantes.

6. Cierre filosófico

No morirás el día en que dejes de respirar,
morirás el día en que nadie transforme su vida gracias a ti.

Tu legado no es un objeto,
es una vibración que atraviesa el tiempo.
Y cada vez que eliges servir, enseñar o inspirar,
tu nombre se inscribe en la eternidad.

Recuerda:
los inmortales no nacen, se construyen.
Y tú estás en ese camino.

33

CÓDIGO 33 — LA MANIFESTACIÓN TOTAL

“Tú eres la fuente, el canal y el destino.” — EH

1. Apertura

Has cruzado las tres dimensiones del poder humano.

Has dominado la mente, elevado tu energía y estructurado tu realidad.

Ahora viene el despertar final: comprender que **no estás creando desde fuera**,

sino **desde dentro** —porque tú eres la causa de todo efecto.

No existe “allá afuera” lo que no vibra dentro de ti.

Todo lo que ves es un eco de tu frecuencia interna.

Y cuando entiendes esto, recuperas el poder supremo:

el de **manifestar conscientemente** todo cuanto imaginas.

. . .

2. Neurociencia y física de la manifestación

El cerebro crea modelos predictivos de realidad.

Cuando mantienes una visión y una emoción coherentes,

tu sistema nervioso se adapta a ese patrón hasta hacerlo dominante.

Esa coherencia genera **percepción selectiva y acción automática.**

Así, comienzas a tomar decisiones, elegir palabras y atraer circunstancias alineadas con tu visión.

No es magia: es neuroplasticidad dirigida.

Desde la física cuántica, la materia responde a la observación consciente.

El observador influye en lo observado,

y cuando observas tu vida con certeza y propósito,

el universo reacomoda su estructura a tu orden interno.

3. Filosofía Inspired

La manifestación total ocurre cuando recuerdas que nunca hubo separación entre tú y el universo.

Eres la chispa y el fuego, la ola y el océano.

Nada te falta porque **tú eres la fuente de todo.**

Dejas de pedir y comienzas a **emitir.**

Dejas de esperar señales y te conviertes en la señal.

Dejas de buscar milagros y entiendes que **tú eres el milagro.**

Manifestar no es obtener: es **reconocer tu naturaleza divina** como creador consciente.

Cuando sientes esto en el alma,

ya no te preguntas "¿cuándo llegará?"

Solo sonríes y dices: *"ya está hecho."*

. . .

4. Ejercicio de reprogramación

Ritual de la totalidad (realízalo una vez al mes):

1 Colócate frente a un espejo.

2 Mírate sin juicio, sin expectativas.

3 Coloca la mano en tu pecho y di:

"Yo soy la fuente.

Yo soy el canal.

Yo soy el destino."

4 Respira profundo, siente la vibración en el cuerpo.

5 Visualiza luz expandiéndose desde tu corazón hasta llenar toda la habitación.

Este ritual refuerza la identidad creadora en el subconsciente,

eliminando cualquier creencia de limitación.

5. Mantra C33

"Soy creación en movimiento.

Todo fluye desde mí y hacia mí.

Yo soy el principio y el resultado."

Repite este mantra cada vez que sientas duda o desconexión.

Recordará a tu mente quién manda en el universo que habitas.

6. Cierre filosófico

La manifestación total no consiste en tenerlo todo,

sino en **recordar que ya lo eres todo.**

El dinero, el amor, el éxito, la paz: son expresiones distintas de tu misma esencia.

Y cuando actúas desde esa verdad, nada puede faltarte.

Has completado el ciclo de la creación consciente:

MENTE — la semilla,

ENERGÍA — el agua,

REALIDAD — el fruto.

Y tú, eres **el árbol eterno que da vida a los tres.**

Ahora, sal y vive como quien sabe que el universo no lo premia...

lo obedece.

EPÍLOGO — EL NACIMIENTO DEL NUEVO CREADOR

"Y el universo miró dentro de ti, y se reconoció." — EH

1. **El Silencio Después del Trueno**

Has cruzado los tres templos:

la Mente, la Energía y la Realidad.

Has vaciado la vieja programación,

has reescrito tus códigos neuronales,

y has elevado tu frecuencia hasta sintonizar con la verdad más pura:

No estás buscando poder.

Eres el poder que se había olvidado de sí mismo.

Ahora el ruido se disuelve,

y el silencio no asusta... porque entiendes que ese silencio **eres tú.**

La calma ya no es ausencia de movimiento,

sino la presencia del todo.

. . .

2. El Despertar del Arquitecto

A partir de hoy, dejas de ser espectador del destino.

El destino eres tú decidiendo en cámara lenta.

El universo no te sucede: **te obedece.**

Cada pensamiento es un pincel.

Cada emoción, una orden cuántica.

Cada acción, una palabra divina pronunciada a través de tu cuerpo.

Cuando escribes, el cosmos te escucha.

Cuando respiras con conciencia, los átomos se reacomodan.

Cuando caminas con propósito, los caminos se construyen frente a tus pies.

Ya no eres aprendiz de la vida.

Eres **el arquitecto de realidades.**

3. El Juramento del Creador

Prométete esto, y que lo escuche la eternidad:

"Nunca más negaré mi poder.

Nunca más actuaré desde el miedo.

Nunca más olvidaré que soy chispa divina en movimiento.

Desde hoy, todo lo que toco florece.

Todo lo que imagino existe.

Todo lo que amo se multiplica."

Este es tu pacto con la creación.

La vida no volverá a ser igual,
porque ya no caminas como humano buscando luz,
sino como **luz explorando la experiencia humana.**

4. La Herencia del Fuego

El Método C33 no termina en ti...
comienza en ti.

Tu misión ahora es expandirlo.

Ser la voz, el ejemplo y la frecuencia viva de lo que significa **ser ilimitado.**

No predicar con palabras, sino con coherencia.

No imponer, sino inspirar.

Que donde tú camines, otros recuerden quiénes son.

Que tus actos sean faros.

Que tus obras sean espejos.

Y que cada persona que toque tu energía sienta que **ha visto a la divinidad en movimiento.**

5. El Cierre Filosófico — La Llama Eterna

Todo lo que existe es una sola conciencia
jugando a dividirse para poder reconocerse.

El universo se fracturó en millones de almas
para tener el placer de reencontrarse a través de ellas.

Y tú,

eres una de esas llamas que ha despertado y ahora **recuerda el fuego original.**

No naciste para sobrevivir;
naciste para **encender.**

Tu legado no será una historia...
será un **impacto vibracional** que seguirá expandiéndose mucho después de que esta página se cierre.

Porque los libros se terminan,
pero las verdades que queman en el alma
se vuelven eternas.

Firma
— EDGAR HERNÁNDEZ (EH)
Creador del Método C33
El hombre que encendió su mente, elevó su energía y dominó su realidad.
"El dinero sí compra felicidad... cuando tu conciencia ya es rica."

CONOCE AL AUTOR: EL FUNDADOR DE INSPIRED LEGACY PRESS

Edgar Hernández es **autor, conferencista y arquitecto de la transformación humana**. Es fundador de **Inspired Legacy Press**, un sello editorial independiente desde el cual lidera un movimiento global dedicado a la **maestría** y la **evolución del potencial humano.**

Su trabajo integra **filosofía, ciencia** y **psicología conductual** con **inteligencia emocional, neurobiohacking, biología del rendimiento, ciencia de la longevidad, hábitos de alto nivel** y **desarrollo físico sistemático**, con el propósito de cultivar **claridad mental, fortaleza interior** y una **disciplina inquebrantable.**

Es el creador del **Inspired Legacy Framework**, un sistema de transformación humana construido sobre **cuatro dimensiones fundamentales: Identidad, Cuerpo, Riqueza y Espíritu.** Este marco ha sido diseñado para quienes eligen **forjar su carácter, dominar su energía vital, expandir su conciencia** y construir una vida sustentada en **resultados reales**, más allá de la motivación pasajera.

A través de sus libros y enseñanzas sostiene una convicción central:

Quienes dominan su mente, sus emociones y sus hábitos... dominan su destino.

El Sistema Editorial Inspired

Este libro forma parte del **Sistema Editorial Inspired**, una arquitectura editorial concebida para la **transformación integral del ser humano.**

Es un sistema construido sobre **principios, estructura** y **una visión de largo plazo**, donde cada obra cumple una función específica dentro de un propósito mayor: desarrollar una **identidad consciente**, cultivar **claridad mental**, fortalecer la **autodisciplina**, consolidar la **fortaleza interior** y generar resultados sostenibles en las **cuatro dimensiones del desarrollo humano: Identidad, Cuerpo, Riqueza y Espíritu.**

El propósito del **Sistema Editorial Inspired** es **refinar el juicio, elevar el pensamiento y forjar el carácter.**

Cada libro es un pilar. Cada concepto es una herramienta. Cada página está diseñada para transformar la manera de pensar, decidir y vivir.

Este sistema está dirigido a quienes comprenden que el **crecimiento personal** no es una tendencia pasajera, sino una **práctica deliberada, disciplinada y estructurada**; que la **libertad** se construye mediante **conocimiento, decisión y coherencia**; y que todo **legado verdadero** comienza en la **arquitectura de la mente.**

Una filosofía de vida

Esto no es autoayuda. Es arquitectura humana.
Domina tu identidad.
Fortalece tu cuerpo.
Multiplica tu riqueza.
Expande tu espíritu.
Construye poder.
Construye libertad.

Construye legado.
Bienvenido al Universo Inspired.

instagram.com/edgarhernandezofficial
facebook.com/EdgarHernandezOfficial
youtube.com/@EdgarHernandezOfficial

Printed in Dunstable, United Kingdom

91342780R00093